2000年前から
ローマの哲人は知っていた

# 自由を
# 手に入れる方法

An Ancient Guide to the Stoic Life

エピクテトス
Epictetus

アンソニー・A・ロング編
天瀬いちか訳

文響社

# はじめに

**『自由を手に入れる方法』**。

本書のタイトルを見て、あなたはいったい何を思っただろうか？

「それはどんな方法だろう？」という素朴な疑問を抱いたかもしれないし、「ずいぶん大胆なテーマだ」と驚いたかもしれない。

**政治的な自由についての議論**を思い浮かべた人や、**のびのびと生きたい**、あるいは**一切の束縛から解放されたい**、という切実な気分になった人もいるかもしれない。

人によって「自由」という言葉の受け止め方は違うだろうが、本書では、**古代ローマのギリシア人哲学者が考えた、自由についての思想**を紹介したい。

この哲学者の考える「自由」には、実に深い意味合いがある。

物事の本質にかなった生き方をすること。どんな状況にあっても自制を失わないこと。自分という人間をより広い視点からとらえること。自分が手に入れられないものに対する欲望を捨てること。その含蓄はこれだけにとどまらない。
本書の主役の名は**エピクテトス**という。「ストア派」と呼ばれる古代哲学の一派が築いた「生きるための知恵」へと我々を導いてくれる哲学者だ。

**奴隷出身の哲学者**

エピクテトス（紀元55年ごろ～135年ごろ）は奴隷として生まれ、皇帝ネロの治めるローマの有力者エパフロディトスに仕えた。

このエパフロディトスという人物は、奴隷身分から自由民に成り上がった、いわゆる「解放奴隷」だった。

彼に仕えていたエピクテトスもまた、**後に奴隷身分から解放され**、市民に向けて**自由をテーマにした哲学の講義をするようになった**。「エピクテトス」という呼び名は、ギリシア語で「後から手に入れたもの」を意味する。

エピクテトスが哲学を教えるようになったのは、自由民になってからかなり後のことだったが、その教えの至るところからかつて奴隷であった痕跡が感じ取れる。

たとえば、エピクテトスの講義のエッセンスをまとめた手引書『要録（エンケイリディオン)』の第1の教えでは、次のようなことが説かれている。

「人が自分の意志でおこなうことは、妨《さまた》げられたり、強いられたりすることのない、本質的に自由なものである」

ここでいう「自由」とは、法的な身分としての「自由(自由民であること)」や、主人の許可なしに行動できる「自由」とは、まったく異なる。

それはむしろ、ある種の物事のとらえ方、**不満や失望といったネガティブな感情にとらわれない心の状態**のことを指している。

こうした内面的な「自由」を手にするためには、**物事の選択や決断を他人に任せず、自分の力がおよぶ事柄だけに意識を向けることが重要**である、とエピクテトスは考えた。

たとえばローマ皇帝マルクス・アウレリウス(在位161~180年)は、エピクテトスの思想、そしてその根幹にあるストア哲学に大きな影響を受け、著作『自省録』を通じて考察を重ねた。

アメリカの現代作家トム・ウルフの作品にも、エピクテトスの影響が見られる。

小説『成りあがり者』（1998年）では、服役中の青年がエピクテトスの講義録『語録』に感銘を受けて、心理的な束縛、そして刑務所という物理的な束縛から解き放たれる様子が描かれている。

## 人々に「自由」を渇望させた奴隷制度

古代のギリシアやローマにおいて、個人が自由に生きるのを妨げた最大の要因は、エピクテトス自身も経験した、奴隷を冷遇する当時の社会的風潮だ。

古代哲学において「自由」というテーマが重要とされ、切実な問題として扱われたのも、**1人の人間が文字通り別の人間に「所有」され、命令に従わされながら生きることを認める奴隷制度**が存在していたからにほかならない。

当時の奴隷の肉体は、片時も休まることなく主人の命令や雑務に従事させられた。

しかし当然、彼らにも心（精神）が存在する。そして**精神というのは、肉体と同じ**

**ように束縛されたり解放されたりし得る**ものである。

したがって、身分的には何の不自由のない人であっても、欲望、執着、衝動的感情といった「内なる主人」に支配されれば、心の奴隷になってしまう。

反対に、物理的な制約を抱えた状況や、文字通り肉体がとらわれている状況であったとしても、**「幸福は自分次第である」「自分が手に入れられるものは、すでに十分手にしている」**といった自覚があれば、不満を抱くことなく、心のゆとりを保つことができる。

エピクテトスがその教えの中心に据えていたのは、まさにこのような「自由」の概念だった。

## エピクテトスの哲学講義とその記録

2世紀初頭、すでに自由民となっていたエピクテトスは、ギリシア北西部のニコポリスという国際的な雰囲気の漂う新興都市で、若者向けの学校を始めた。

そこで学んだ生徒にアリアヌスという優秀な若者がいた。本名をルキウス・フラウィウス・アリアヌスと名乗るその青年は、師の教えに強い感銘を受けて、**全8巻に**

**および講義録**を残した。

それが『**語録**』と呼ばれる書物であり、**エピクテトスの語ったストア哲学の教えが、ほぼそのままの言葉通りに記されている。**

アリアヌスはさらに、これらの**講義のエッセンスだけを要約**することを試みた。こちらは『**要録**』と呼ばれており、**いわばエピクテトスの思想の入門書**である。

本書では、『要録』の全文と、現存している『語録』の4巻から選《よ》りすぐった9篇《へん》を紹介する。

アリアヌスはその後、ローマの政治家として華々しい活躍を遂げ、歴史書『アレクサンドロス大王東征記』をはじめとする数多くの著作を残した。

アリアヌスがどのようにエピクテトスの講義を記録し、紙面に再現したのか、その詳細は定かではない。

『要録』『語録』は、「コイネー」と呼ばれる当時の日常的なギリシア語で書かれた（新約聖書もコイネーで書かれている）。

その文体からは、アリアヌスが講義の内容をそれらしく脚色して再現したというよりは、エピクテトスの肉声をそのまま伝えていることが感じ取れる。

## エピクテトスの普遍性と時代性

16世紀に『要録』が刊行されると、エピクテトスの思想は、ストア哲学的な人生訓として多くの人々に親しまれるようになった。

さらに、さまざまな言語に翻訳されるたびに新たな読者を獲得していった。

エピクテトスの言葉がこれほどまでに人々をとらえるのは、**時代や場所に関係なく、人間が直面し得る人生の局面の本質**を印象的な言葉でずばりと言い当てているからだろう。

エピクテトスは、恐れ、不安、妬《ねた》み、怒り、恨み、悲しみといった負の感情の扱い方を示してくれる。

こうした感情は、古代のローマ人であろうが、およそ2000年後の現代を生きる我々であろうが誰もが経験するものだ。

そういった意味では、エピクテトスの思想を理解するために、前置きとなる知識は必要ないし、『要録』や『語録』で語られるシチュエーションの多くは現代人にも十分共感できるはずである。

一方で、エピクテトスの語りのなかには、古代ローマ特有の文化や風習もたびたび登場する。

たとえば『要録』には、奴隷、公衆浴場、闘技場での見世物試合、占い師や、エピクテトス自身も経験した追放といった話題が出てくる。

また、当時のローマとその属州に厳然とした社会的階層が存在し、公職に就くための熾烈《しれつ》な競争があったことや、人々がより高い地位を求めて画策し合い、支援者《パトロヌス》を探したり、晩餐会《ばんさんかい》で顔を売ったり、有力者に取り入ったりすることに心血を注いでいたこともうかがえる。

## 古代ローマにおける個人の「不自由さ」

エピクテトスは**人が主体的に生きることの意義**を説いたが、その講義を受けていたのが、国に仕える軍人や役人を目指すアリアヌスのような若者たちであったことは興味深い。

『要録』で語られているようにもわかるように、当時のローマは男性中心的な社会だった。

ただし、エピクテトスの教え自体は男性だけに向けられたものではなく、男性優位的な考え方とも無縁である。

**エピクテトスが「あなた」「我々」といった表現を使うときは、特定の性別や身分に関係なく、あらゆる人を指している**と考えてよい。

また、当時のローマでは、皇帝が独裁的な権力を振るっていた。そのせいか、エピクテトスの講義が政治的な話題におよぶことはめったにない。

本書で紹介する『語録』の文章のなかでも、皇帝について言及しているのは、わずか1箇所だけである。

『語録』には、皇帝の命令に背いた人物の話が出てくる箇所もあるが、どれもエピクテトスより前の時代の話である。

エピクテトスがギリシアで教師をしていた時期と同時代の皇帝が話題にのぼること

はない。

**「自由」というテーマは、ストア哲学の初期から重要とされていた**が、とりわけエピクテトスにとっては特別な意味合いを持っていた。

その理由は、かつて自分が奴隷だったからというだけではない。自分の教えを受けている若者たちもまた、**抑圧された政治的状況のなかで生きていかなければならないという、時代的な理由**もあったのである。

## はじめに

# 目次



## プロローグ　ストア派とエピクテトスの思想

# 第1部

# 自らを守る術《すべ》
## ——『要録』より

# 第2部 精神の自由を得る ——『語録』より

# ストア派とエピクテトスの思想

## プロローグ

## ストア哲学の始まりとその特徴

**ストア哲学**は、紀元前4世紀の終わりごろにギリシアで生まれた。学派を創始したのは、地中海の東部からギリシアの都市アテナイへ渡った移民たちである。

当時のアテナイは、北方の強国マケドニアの支配下にあり、ソクラテスの時代のような、市民による活気に満ちた民主政治はすっかり影を潜めていた。

都市が政治的な自由を失ったことは、そこで暮らす人々の思想にも影響を与えた。理想的な社会について考えるよりも、**個人の内面がどうあるべきか**といった問いに人々の関心が向けられるようになったのである。

たとえば、プラトンやアリストテレスなどのストア派以前のギリシアの哲学者たちは、政治思想について熱心に論じた。

一方、ストア派や、ストア派と同時代に栄えた「エピクロス派」と呼ばれる一派は、こうした議論にはさほど関心を示さなかった。

彼らにとっては、政治や法律のあるべき姿を論じるよりも、**個人としての幸福や、より善く生きることを追求することのほうが**、重要な課題だったということだ。

こうした思想的な関心の変化は、ストア派の「自由」「奴隷」といった概念にもよくあらわれている。

ストア派では、「自由（自由民）」「奴隷」といった区別を、単なる社会的な身分としてではなく、個人の内面的な問題としてとらえていたのである。

**ストア哲学における「自由」**

ストア派の創始者であるゼノンは、「自由」を次のように定義した。

**「自由とは、優れた知性を持つ者、すなわち〝賢人〟だけに与えられる特権である」**

これは裏を返せば、大半の人間は愚かであるうえに、自由を奪われた奴隷であると言える。

これを聞いて、強い抵抗を感じる人もいるだろう。賢さで人に優劣をつけるとはけしからん、実際に奴隷として不遇のうちにある人のことを侮辱するのか、と。

しかし、よく考えてみてほしい。当時は、**人を見れば「奴隷か、自由民か」というふるいにかけることが当たり前とされていた時代**である。ゼノンの考え方は、どれほど画期的だったことだろう。

自由というものを、その人の「知性の有無」で判断するならば、奴隷としての苦しみは外側ではなく自分の内側から、つまり、物理的な状況ではなく、精神的な状態から生まれることになる。

これは、（仕えている主人の許可を得なくても）**哲学的な思考によって人は自らを解放できる**ということを意味する。

ただし、ゼノンの考える自由とはきわめて厳密なものであり、少しでも自分の願望が妨げられる可能性のあるものを求めれば、その妨げの理由が何であろうとも、それは隷従された状態であるとみなされる。

願望が妨げられる理由とは、物理的な制約かもしれないし、感情や執着といった心理的な妨げかもしれない。

あるいは、自分の幸福を自分以外のもの、たとえば他人、財産、名声、もしくは単なる時の運などにゆだねているという場合もある。

## 「束縛されない自由」と「思い通りにできる自由」

イギリスの政治学者アイザイア・バーリンは、著名な論文「二つの自由概念」のなかで、「自由」を次の2つに分けた。

1つは、**「他人からの強制を受けない」という意味での「消極的自由」**で、もう1つは、**「自分の思い通りに行動する、生きる」という意味での「積極的自由」**である。

一方、エピクテトスの思想では、この2種類の「自由」は切り離すことのできないものとされている。

たとえば次の一節を見てほしい。

> あなたが望むもの、避けたいもの、それらを左右できる力を持つ人間は、誰であろうと、あなたを従わせる主人である。
> ［…］もし、あなたが自由でいたいなら、他人次第のもの[1]を望んだり避けようとしたりしないことだ。さもなければ、奴隷になるしかない。
>
> （『要録』14）

2つめの文は、こう言い換えることもできる。

「もしあなたが何の束縛も受けずにいたいのなら、自分次第のものだけを望んだり避けたりすべきである」

このような姿勢で生きることは、自分や周囲の人にとって本当に善いものと言えるだろうか？

たとえば、モーセの十戒のような由緒ある教えに従って生きるほうが、自分の判断に頼るよりも正しく生きられるのではないだろうか？

もし自分の判断に頼って生きるとしても、我々はいったい何を基準にすればよいのだろうか？

**自由をもたらす「知」**

こうした問いに対する答えを導いてくれるのが、先ほど紹介したゼノンの**「自由をもたらす知（知性）」**という考え方だ。

「知」、すなわちギリシア語の「ソフィア（sophia）」は、元々「専門的な知識」を意味する一般的な語だった。

大工などの職人の実用的な技術であれ、幾何学のような抽象的な学問であれ、**「実際に使いこなして、何かに役立てる知／技術」**は、ソフィアと呼ばれていた。

さまざまな「知」のなかで、ゼノンやストア派の哲学者たちにとって最も重要だったのは、**「より善く生きるための知／技術」**である。

1）他人次第のもののことを「権外」、自分次第のもののことを「権内」と呼ぶことがある。つまり、自分がコントロールできるものは「権内」であり、自分の力で変えることができる。自然現象や他人の心などは自分がコントロールできるものではないので「権外」となる。

それは言い換えれば、**人間としての本質を満たし、社会的・物理的な諸々の状況と折り合いをつけながら「調和を保って」生きる技術**のことである。

このような生き方を実現すること、あるいは実現しようと努力することこそが、人間の理性の役目であり、人間とほかの動物の違いである、というのがストア哲学の行き着いた1つの答えだった。

**哲学の実践を説いたエピクテトス**

こうしたストア哲学の「自由」「人間の本質」といった考え方を、**日々の生活に落とし込み、その心構えとして示した**のが、本書で紹介するエピクテトスの『要録』と『語録』だ。

エピクテトスの講義では、家庭生活や仕事などの日常的な場面から、病気、貧困、死といった人生を揺るがす逆境まで、きわめて幅広い話題が扱われている。

これは、エピクテトスが「日々の行動のあり方」と「道徳的な問題」を、1つの大きなテーマとしてとらえていたことと関係している。

エピクテトスにとって人間の行動や思考のあり方は、すべて次の問いに集約されるものだった。

「この状況で、自分は主体的に判断して行動できるだろうか？」

「それとも、自分の力ではどうにもできない状況とみなして、無心で受け入れるべきだろうか？」

少し想像してみてほしい。この二者択一的な問いは、我々が直面し得るどんな状況にも応用できる。

たとえば、誰かがあなたに無礼な行動を取ったとしよう。

**他人の言動は、自分ではどうすることもできない。しかし、その言動に対してどのように反応するかは完全にあなた次第だ。**

事故にあう。大切な人が死ぬ。仕事で不採用になる。病気にかかる……。どれも、**あなたが望んで起こした出来事ではない。原因はほかにある。**

ただし、どの場合にも、あなたにできることが1つだけ存在する。

それは、「自分は被害者だ」「ひどい目にあった」「運がない」といって悲観的になったり嘆いたりするかわりに、**「自分の考え方や判断力を試すチャンスが巡ってきた」ととらえる**ことだ。

## 簡潔さの裏にある卓越した思想とは

エピクテトスの教えを現代ふうにシンプルに言い換えると、**「現実を受け入れる」「ムキにならない」「自分の真の力を発揮する」「執着を捨てる」「人は人、自分は自分」**といった表現になるだろう。

『要録』や『語録』の文章を読んでみれば、おそらくこうしたフレーズに通じる箇所を見つけるはずだ。実は、それには確固とした理由がある。

西洋文化における価値観や教育というのは、エピクテトス、セネカ、マルクス・アウレリウス帝といったストア派の哲学者の著作が欧米で広く読まれるようになって以来、ストア哲学から大きな影響を受けてきた。

悟ったような冷静沈着さや、困難な状況にも無心で向き合う様子を「哲学的」「哲学者のような態度」と表現する我々の感覚は、ほかでもないストア派の哲学者のイメージから来ているのである。

ストア派が理想とする泰然自若とした態度は、誰もが「自分らしさ」を追い求め、より多くのものを得ようとし、自分の感情や意見を主張することがよしとされる現代の風潮には合わないように思えるかもしれない。

しかし、ストア哲学を実践している人たちは、その教えが時代に関係なく有意義なものであることをよく知っている。

ソーシャルメディアの流行。ほとんどノイズでしかない情報の氾濫。たえず自分の行動を評価されるストレス。炎上する集団心理。膨らむ一方の承認欲求と、不意に襲ってくる不安や自己嫌悪。

**ストア哲学の教えは、混沌《こんとん》とした現代社会においてこそ、大いに役立つ**はずだ。

ただし、「現実を受け入れる」といった現代ふうのキャッチフレーズからは、ストア哲学の思想的な意味合いが損なわれていることも忘れてはならない。

確かにエピクテトスの教えは、より善く生きるための人生訓と言える。

しかしその教え自体は、ストア哲学の自然観、倫理観、人間観に対する深い理解から生まれたものなのだ。

エピクテトスは素朴でわかりやすい表現を使っているものの、格言的な言葉を残そうとして意図的にそのような言葉づかいを選んだわけではない。

むしろ、**論理性、一貫性、実証性にもとづいて高度に練り上げられたストア哲学の真髄**を、人々に理解しやすい形で伝えようとした結果、このような表現に行き着いたのである。

## ストア派における3つの「自然」の概念

エピクテトスの思想を理解するのに鍵となるのが「自然（ピュシス／physis）」という概念だ。

この語には、次のような3つの異なる意味合いがあり、それぞれが密接に関係し合っている。

### 意味1　物理現象としての外的な「自然」

…物理的に存在しているものと、そこから生じるすべての事象。

**意味2　人間の内面的本質としての「自然」**

…人間の精神に特有の働きと、そこから生じる人間の能力や性質。

**意味3　価値観としての「自然（な状態）」**

…人間の本質にかなった生き方や、人間として幸福な状態。

これら3つの「自然」の意味を踏まえておくと、『要録』や『語録』がより理解しやすくなると思われる。

そのため、以下に少しページを割いて、ストア派やエピクテトスの考える（現代人の感覚では理解しづらい）独自の「自然」の概念について簡単に説明したい。

### 1. 物理現象としての外的な「自然」

ストア哲学では、**すべての物理現象（自然現象）は、因果関係によってあらかじめ決まっている**、というふうに宇宙の仕組みをとらえていた。エピクテトスもその考え方にならっている。

**ただの偶然や、原因もなく起こることは存在しない**ため、起こるべくして起きた出来事に文句を言うのは不毛である、とストア派は考える。

あらゆる現象は、万物に宿る「理性的な力（神的な力）」によって引き起こされると考えられており、セネカはこの神的な力を「森羅万象を統《す》べる神の掟《おきて》」と表現した（『倫理についての書簡集』76第23節）。

あらゆる出来事は、この1つの摂理の下《もと》に起こり、なかには人間の善悪の感覚からすれば理不尽に思えることもあるというのがストア哲学の自然観である。

エピクテトスは、このような人知を超えた自然の働きと、人間の内面的な機能（理性の働き）とのあいだに明確な線引きをした。

**人間の精神とは神から与えられた恩恵**であり、それを使いこなすことが人間の役目だと考えていたのである。

「外的な自然（物理現象）」は、現実に起きている事象以外の形では起こり得ず、それに対して善悪の判断をつけることはできない。

そのような**現実を前にして、人間は「内面的な自然」である理性を使い、折り合い**

**をつけてゆくことができる。**

たとえ「外的な自然」に抗《あらが》おうとしても、人間はそれを覆《くつがえ》す力を持っていないため、結局は自分の無力さを味わうだけだ。

エピクテトスは、そのような非理性的で、不満だけが残る生き方は避けるべきだと考えた。

## 2. 人間の内面的本質としての「自然」

では、「外的な自然」との調和をうまく保って生きるには、どうすればよいのだろうか。『要録』の第1の教えでは、そのための考え方が示されている。

ここでエピクテトスは「自由」という概念を使いながら、人間の精神（内面）を「それ以外のもの」から切り離すことを試みている。

「それ以外のもの」には、「肉体」や「社会的地位」といった、一般的には「自分という人間の一部」とみなされているものも含まれる。

このように意図的に「人間の精神」に焦点を当てることによって、**外的な影響を一切受けることなく、自由に精神を働かせられる領域**を作り出すことができる。

つまり、物事の判断や決断、意思決定といった精神の働きを、完全に「自分自身にゆだねられたもの」として考えることが可能になるのだ。

エピクテトスのように、自分の意志や判断のあり方に意識を向け、「それ以外のもの」に翻弄されない姿勢を保つということは、すなわち**肉体や社会的地位ではなく精神こそが自分という人間の本質である**、と考えることと言える。

自由で満ち足りた精神状態のことを、エピクテトスはさまざまな表現で言い表している。その代表的なものの1つが、**「自分の意志と自然との調和が取れた状態」**だ。

ここで「意志」と訳したギリシア語の「プロハイレシス」は、「判断」「選択」と訳してもよい。

この語には元々、人間の「理性」そのものと、「個々の意思決定」の2つの意味があるのだが、初期のストア哲学では、特に「物事を承認する」精神の働きを指す。

ここでいう「承認」には、「知覚したことを、正しいものとして認める」といった意味合いがある。

欲望、思考、物事の決定といった自分がコントロールできるものだけに「承認」の機能を働かせ、そのほかの外的なことについては理性的に柔軟に応じる姿勢こそが、「自分の意志と自然との調和が取れた状態」であるとエピクテトスは考えた。

エピクテトスは「**心像**（パンタシア）」[2]という表現も好んで使うが、これもストア哲学の特徴的な概念である。

「パンタシア」から派生した英語の「ファンタジー（fantasy）」には「空想」という意味がある。

その語源である「パンタシア」は、非現実的な空想だけでなく、**五感を通じた知覚や、意識的・無意識的な思考を含めたあらゆる想念**を指す。

「心像」は明確な思考の形をとることもあれば、漠然としていることもあり、またその内容が真実かどうかということも関係ない。

2）「外観（appearance）」と訳されることもある。五感による知覚や何らかの思考など、瞬間的に頭に浮かぶものを広く指す。心像の正しい「用い方」や正しい「とらえ方」を学ぶことがストア哲学の目的である、とエピクテトスはたびたび述べている。

「そこに犬が1匹いる」という単純な知覚、スーパーマンのような架空の存在についての空想、ブラックホールについての複雑で高度な思考は、どれも心像に含まれる。

このように心像の意味するところは限りなく広い。なかでもエピクテトスが最も関心を寄せていたのは、**逆境に置かれたときや、精神的に動揺したときの人の心の動き**である。

なぜなら、人が感情にとらわれ、意志を働かせる自由を失ってしまうのは、たいていそのような状況においてだからである。


人は誰しも、何らかの思いに心が揺らぐ経験をする。性的な願望。急に襲ってくる不安。自分の健康や家族に関する心配事。世界情勢についての暗い予感……。

人の心を乱す想念について改めて考えてみると、どれも不意に頭に浮かんできて、すぐに振り払うことの難しいものばかりである。

だからこそ、エピクテトスは我々にこう説くのだ。

より善く生きるには、諸々の想念、特に自分の心を乱す考えや感情に向き合い、それが生じた原因をよく吟味しなくてはならない。そのうえで、意志の力を使って、自分の反応をコントロールする術《すべ》を身につけよ、と。

### 3.価値観としての「自然（な状態）」

物理現象としての外的な「自然」、人間の内面的本質としての「自然」を考えるうえで指標となるのが、ストア哲学における価値観（善悪の区別）である。

その独特な考え方をわかりやすく示すため、次のような表にまとめた。

| 善 | 悪 | 善悪と無関係 |
|---|---|---|
| 有益である | 有害である | 利害をもたらさない |
| 自分でコントロールできる | 自分でコントロールできる | 自分ではコントロールできない |
| 美徳、知恵、幸福 | 悪徳、愚かさ、不幸 | 貧困、富など |
| 自分の意志に左右される | 自分の意志に左右される | 自分の意志に左右されない |
| 自然と調和している | 自然と調和していない | — |

ストア派の価値観の最大の特徴は、**自分の考えや心の状態、それにもとづく行動だけに善悪の区別をつけられる**、ととらえるところにある。

これは裏を返せば、**すべての物理的な出来事は善悪と無関係**ということだ。

この善悪の判断は、ある行動や考え方を選択することが、自分自身にとって有益なのか、それとも有害なのかという一点において下される。

元々「善」の概念には「有益なもの」、「悪」には「有害なもの」という意味合いが含まれていた。

そのため、ストア哲学では、人間の意志や行動のあり方を問い直すために**有益（善）かどうか、有害（悪）かどうか、という判断の対象を、意図的に狭めて考えようとした**のである。

**「善悪とは無関係なもの」**

ストア派における善悪の区別において、「自分自身にとって有益か、それとも有害か」という点が重要であることは今述べた。

たとえば「知性」は、それを備えた人にとって常に有益な結果をもたらすため、ストア派では「善」とされる。同じ理屈によって、常に有害な結果をもたらす「愚かさ」は「悪」とされる。

そして、「有益」とも「有害」とも言い切れないものは、すべて**「善悪とは無関係なもの**（アディアフォラ）」に分類される。

この「善悪とは無関係なもの」には、数多くの物事が当てはまる。それらはどれも、善し悪《あ》しの区別をつけても意味のないものであり、たとえば「髪の毛の本数は奇数と偶数どちらが良いか」「この豆とあの豆のどちらが良いか」といったことを問うようなものである。

ストア派の考え方が画期的だったのは、富や健康のように、一般的に重要だと思われているものや、病気や貧困のように人が本能的に避けようとするものについても、「善悪とは無関係である」ととらえた点にある。

**それまで当然のように「良いもの」「悪いもの」と思われていた物事を、「善悪とは無関係である」と定義した**ことによって、ストア哲学は既存の哲学に大きな問いを突きつけた。

その結果、善悪の概念を巡る新たな、そして尽きることのない議論が生じたわけだが、当のストア派の哲学者たちは、自分たちの思想の意義をよく理解していた。

そして、それを誰よりもわかりやすく鋭い表現で人々に示してみせたのが、エピクテトスだったのである。

## 「幸福の条件」を何に見出《みいだ》すのか

ストア派の提唱した価値観は、「善」「悪」という言葉の意味や概念を根本から問い直すものであった。

ここから、次のような疑問が生まれてくる。

1. 健康や富のように、一般的に「善」とされている物事は、常に自分にとって有益なものなのか？
2. それは、幸せでいるために必ず必要なものなのか？
3. それは、自分の思い通りにできるものなのか？

4．それは、考え方によって変化させられるものなのか？
5．それは、人間の理性と調和し得るものなのか？

ストア派の考えによれば、この5つの問いに対する答えは、すべて「否」である。それは、一般的に望ましいとされている物事を手に入れたり、一般的に忌まわしいとされている物事を避けたりしたところで、幸福は保証されない、ということを意味する。

**物理的な条件に幸福を見出すことは、自分の主体性や心の平穏をあきらめることであり、挫折や失望を味わうリスクを負うこと**でもあるのだ。

それでは、ストア派の考えにならって、知性や徳といった**自分の精神に関わるものだけを「善」「有益なもの」とする**ならどうだろうか。

この場合、理性的な人間としての本質が保たれている限り、必ず幸福が保証される。自分の外側で何が起ころうとも、うまく適応しながら生きることができるのだ。

## 無意識の思考を消し去るのではなく、理性で応じる

この一刀両断的とも言えるストア派の価値観に初めて触れる人は、こう思うかもしれない――ちっとも現実的ではないし、普通の人間にとっては単なる机上の空論でしかないのでは？

しかしストア哲学には、まだこれまでに説明し切れていない深みがある。

そもそもストア派では、無意識のうちに富や健康を求め、その反対のものを避けようとする人間の傾向そのものを否定していない。

むしろ、こうした本能的な性質を認めることによって、初めて理性的な調和の取れた状態を目指すことができるようになると考えている。

ただし、**無意識的に感じる「良さそうだ」「悪そうだ」という印象と、「願望」や「忌避（嫌悪）」は、明確に区別しなくてはならない。**

なぜなら、願望や忌避というのは、「これは自分を幸せにする／不幸にする」という意識的な判断から生じるものだからだ。

我々が何かを欲したり避けようとしたりするときは、その対象をあたかも一大事であるかのように考えてしまう。

そういう我々に対してエピクテトスは、次のように説く。

健康のように「善」とされているものを「手に入れよう」としたり、それを幸福の条件に含めたりしてはならない。与えられたらありがたく受け入れる程度にとどめておくのがよい、と。

## ストア派の考える「幸福の条件」とは

**それでは結局のところ、人間にとっての幸福の条件とは何なのだろうか？**
**人は何を満たすことによって幸せになれるのだろうか？**

人は逆境でも幸せを感じることができるし、反対に、物理的な条件に恵まれたからといって、幸せでいられるとも限らない。ストア派ではこのように考える。

「幸せ（な生き方）」とは、人間の本質に沿って生きること、つまり理性を与えられた動物としての役割を全《まっと》うすることを意味する。

そこで求められるのは、富を築くことでもなければ、何となく「良さそうだ」「嫌だ」と感じるものを、手に入れたり避けたりしながら暮らすことでもない。

「人間の本質に沿って生きる」とは、**あらゆる状況において「常に理性を働かせる」**ということなのである。

## ストア哲学の理想は実現可能なのか

こうしたストア派の価値観に自分はどこまで納得できるのか？

我々は1つの問いを突きつけられる。

筆者は、彼らの思想が革新的なものだったと考えている。

なぜなら**ストア哲学は、一個人の内面のあり方（エピクテトスの言う「自分の力がおよぶもの」）と、その外側で起こる出来事（物理現象）を、別々の問題として考えることを可能にした**からだ。

この切り分けによって、我々は自分の心のあり方に意識を向けられるようになった。そして、自分自身にとって真に有益なものと有害なものをはっきりと認識し、自覚的に対応することができるようになったのである。

とはいえ、それで万事解決するわけではなく、現実的な問いは残る。

外的な状況（物理的な条件）と自分の幸福を、本当に無関係なものとして切り離すことができるのか？

外的な状況に対する自分の反応を、意志の力だけで本当にコントロールすることができるのか？

人の幸せは物理的な条件によって決まる。そう考えるほうが、むしろ「自然」で「人間的」なのではないか？

ストア派の賢人が説く理想は、我々のように雑念に惑わされてばかりの凡人にとって、はたして実現可能なものなのか？

## 実践することに意味を見出すストア哲学

見方によっては、エピクテトスという人物は、妥協を認めない厳格な人という印象を与えるかもしれない。

しかし、彼が教師として目指していたのは、生徒たちがより善い方向へと「成長する」方法を示すこと、すなわち、彼らが平凡な生き方に甘んじることなく、ストア派の目指す理想に近づけるよう導くことであった。

むろん、常にストア派の理想に沿って行動することは、非の打ちどころのない完璧さを求めるようなものであり、それが自分にとっても簡単でないことはエピクテトス自身も十分に自覚していただろう。

エピクテトスにとって**重要だったのは、絵に描いたような立派な人物になることではなく、少しでも理想に近づく努力を重ねる**ことだった。

つまり、普通ならば動揺して主体的に行動できなくなってしまう状況で、ストア哲学の教えを実践しようとすることだったのである。

エピクテトスの思想を理解するために、必ずしも「あらゆる出来事は神の摂理によって決められている」というストア派の宇宙観を受け入れる必要はない。

たとえば、エピクテトスが神々に対する敬虔《けいけん》さを説いている部分は、「自然の生態系に対する畏敬の念」と置き換えて読めば、現代の我々にもしっくり来るだろう。

とはいえ、エピクテトスは実に巧みなやり方で、ストア哲学の宇宙観を自分の教えに応用させているので、筆者としてはぜひ読者の方にそれを感じ取ってもらいたい。
その参考用に、エピクテトスの自然哲学に関する文献を巻末で紹介しているので、興味のある方にはぜひご覧いただければと思う。

**個人の自由の追求と道徳**

哲学史におけるストア派の道徳観の特徴は、「人の意志や思考だけを善悪の判断の対象とし、行動に伴う結果の是非を問わない」と考える点にある。『要録』の内容からもわかるように、ストア派の思想は、他人の幸福よりも**個人の幸福や内面的な平静の追求**に比重を置いている。

しかし、人間は生きるうえで他者を必要とする存在である。そのため、ある意味で「自己中心的」とも言えるストア派の考え方は、こうした事実と相容《あいい》れないようにも思えるだろう。

自分だけでなく他人の幸福まで考えようとする場合、あるいは人間の利他的な面について考えようとする場合、はたして『要録』や『語録』から得られる教訓はあるだろうか？

次の1節は、考え方によっては、この問いに対するエピクテトスの的《まと》を射た回答と言えるかもしれない。

危険そうなものや、実際に害をもたらすものを避けて遠ざけ、有益そうなものや実際に役に立つものには心惹《ひ》かれてそれを得ようとする。あらゆる生き物は、本来そのようにできている。[…]自分の利害がからんだ場面では、敬《うやま》いの心が試されるということだ。

(『要録』31)

ストア哲学における「道徳」とは、あくまでも**個人の利害を起点とする**ものであり、その点を切り捨てることはできない。

そもそもストア哲学自体が、人間の利他的な面について考えることを目的として作られた思想ではないのだ。

したがって、エピクテトスの教えをもとに自分以外の人間の幸福を考えようとするのであれば、次の問いについて思いを巡らしてみる必要がある。

個人が「内面的自由」を追求することは、周囲にも良い影響をもたらし得るのだろうか？

個人が「自然との調和を保つ」ことは、広い視点で見たときに、人間全体が調和を保って暮らすことにつながり得るのか？

## 「心の自由」は、他人への接し方に良い影響をもたらす

恐れ、妬み、怒り、恨みといった感情に煩《わずら》わされないこと、自制心や辛抱強さを持つことは、言うまでもなく個人にとって大変好ましいことだ。

さらに、**個人が心穏やかでいることは、まわりの家族や友人、同僚にも良い影響をもたらす。**

なぜなら、我々が周囲に対して攻撃的になったり、他人に嫌な思いをさせたりしてしまうときというのは、たいてい自分の内側に否定的な感情を抱えているときだから

である。

企業の不正やセクシャルハラスメント、近隣とのトラブルのように、現代社会で「道徳」が取り沙汰《ざた》されるのは、人が第三者から危害を被る場合であることが多い。

エピクテトスの「自分の心の自由と平静を追求せよ」という教えは、「(自分自身の心が満たされているために) 他人に嫌な思いをさせるリスクを低減できる」という点において、公共の利益に貢献し得ると言えるだろう。

**人間関係の調和につながる自由の追求**

さらに、他人に対する配慮や思いやりについて考える場合はどうだろう。

個人が内面的な自由や平静を追求することは、親切な行動や、利他的なふるまいにつながり得るだろうか?

そもそもストア哲学では、人間の自己保存の本能は、社会的な関わりを求める本能と密接に関係していると考えられてきた。

この**「社会的な関わり」**には、**家族や地域の人々に対する仲間意識**だけでなく、**人**

**間という種への帰属意識**も含まれる。

エピクテトスがこのことについて明確に触れている箇所は本書には含まれていない。しかし、エピクテトスがこのような考え方を持っていたことは、数々の断片からうかがえる。

たとえばエピクテトスは、それが徳を損なわない行為である限り、仲間や祖国のために行動するのは当然であると考えている。

また、家族との関わり方についても繰り返し語られている。

曰《いわ》く、人は家族における「役割」に徹するべきであり、見返りを期待してではなく、あくまで自分に課せられた役目を果たすためにそうするべきだという。

家族関係を考える際にも、エピクテトスの関心は、やはり感情的束縛から自由でいることの重要性に向けられている。

その反面教師的な例として、亡き父親の王位を巡って互いに殺し合ったオイディプス王の2人の息子の話が引き合いに出されている。

これと比べると、妻や子どもについて語るときのエピクテトスの口調は、まるで「人は死んで当然なのだからどうしようもない」と言わんばかりの突き放したものに感じられるかもしれない。

この点については、当時の乳幼児の死亡率の高さや、早死にする人の多さを考えると納得がゆく。

エピクテトスの教えの裏側にあるのは、妻や子どもに対する無関心というよりも、**「家族と生きることが許されているうちに、一瞬一瞬を大切にせよ」**という強いメッセージであると考えられる。

エピクテトスの教えのもたらす道徳的意義は、**精神的な束縛から解放されることによって、大きな精神的余裕と、より幅広い行動の選択肢を得られる**、という点に尽きるだろう。

古代ローマの皇帝ネロに仕えた哲学者セネカも、同様のことを次のような印象的な言葉で表現している。

我々は、努力を重ねることで「自由」という褒美を手にする。自由とは、どんな力、どんな逆境にもひれ伏さないこと、運命に上から操られるのではなく、同じ土俵に立って向き合うことをいう。

（『倫理についての書簡集』51第9節）

## 「心の自由」の範囲は無限ではない

すでに述べたように、エピクテトスの思想のキーワードであり、筆者が**「意志」**と訳したギリシア語の「プロハイレシス」は、「選択」「決定」と訳すこともできる。この「意志」「選択」「決定」とは、エピクテトスによれば**「本質的に自由」「自分次第」なもの**である。

言い換えれば、人間の意志は外的な要因の制約を受けないということだ。これはつまり、エピクテトスがいわゆる「自由意志」を信じていたということだろうか？「自由意志」とは、きわめて複雑な哲学概念として知られており、これまでにさまざまな解釈や議論がなされてきた。

1つの理解の仕方としては、「ある状況において、別の選択もあり得たかもしれない可能性」と考えられる。「別の決定をすれば、別の現実もあり得る」という意味における「人間の意志の自由」である。

エピクテトスの考える「意志の自由」は、これとは大きく異なる。

確かにエピクテトスは、物事にとらわれずに主体的に行動することの重要性を強く訴えている。その口調からは、まるで人間の精神に無限の自由が与えられているような印象を受けるかもしれない。

しかし、これはあくまでも表現上の誇張である。

エピクテトス自身は、ストア派の先人たちと同じように**「運命」の存在**を認め、**人間の行動を含めたあらゆる事象は、因果関係によってあらかじめ決まっている、**と考えていた。

**定められた運命における「自由」とは**

ストア哲学でいう「神」の視点から見れば、人間の一生は、個々の意思決定や選択も含めて最初から最後まで決められており、それを覆すことはできない。
したがって、エピクテトスにとっては、すでにおこなわれた選択の是非を問うこと（「あのとき別の道を選んでいれば、別の未来もあったかもしれない」と言って過去を振り返ること）は重要ではなかった。
むしろ肝心なのは、**「その選択や決定を通じて、どのような理想を体現しようとしているのか」「判断力を働かせて、正しい分別をつけられているのか」**ということであった。

もし、あなたが自由でいたいなら、他人次第のものを望んだり避けようとしたりしないことだ。

（『要録』14）

## 「自由」でいるためには訓練が必要

我々の多くは、人生にたくさんのものを求め、知らず知らずのうちに、経済的な富や実現不可能な目標にとらわれているのかもしれない。

エピクテトスに言わせれば、このような姿勢は、心を自由に保つことによって得られる幸福を、みすみす手放しているようなものである。

「自分次第のものにだけ意識を向ける」という意味での「意志の自由」は、初めから万人に与えられている恩恵ではない。

この「自由」とは、**精神的な鍛錬を重ねることによって至ることのできる、1つの境地**なのである。

その境地に至った人は、いらだちや失望からは「自由」でいることができ、実現可能な物事にだけ意識を向けるという意味において、何ごとも「自由」にすることができるのだ。

# 第1部

# 自らを守る術《すべ》――『要録』より

## 『要録』とその思想的影響

エピクテトスの講義を書物としてまとめたアリアヌスは、『要録』について次のように表現している。

**「エピクテトスの発言のうち、最も今の時代にふさわしく、最も哲学の核心をつき、最も強く魂を揺さぶる言葉を伝える一冊」**

この言葉を伝えたのは、新プラトン派の哲学者シンプリキオスである。シンプリキオスは、アリストテレスの著作の注釈者としても知られているが、6世紀に『要録』の解説書を著し、(実際の歴史の順序とは逆行するが)プラトン主義を理解するための導入としてエピクテトスの思想を紹介した。

キリスト教の修道院制度が栄えた中世には、『要録』が教義に合わせて修正され、信仰生活に用いられたという(Boter, 1999)。59冊にものぼるギリシア語版の写本の存在が、その影響力を物語っている。

**原題『エンケイリディオン』に込められた意味**

『要録』の原題である「エンケイリディオン」という言葉は、アリアヌスが独自に考え出した表現ではない。

ギリシア語の「ケイリ（cheir）」は「手」を意味し、「エンケイリディオン」を字句通りに訳すと「手で持ち運べる小さなもの」という意味になる。

元々、エピクロス派のある哲学者が、教説を簡潔にまとめた書物をこう呼んでいた。アリアヌスもそれを真似《まね》て、師の教えをまとめた書物に「手引書」「教書」という意味合いを込めて、この名をつけたのだろう。

筆者としては、よくできたネーミングだと感じる。というのも、「エンケイリディオン」という表現は、「ナイフ」「短剣」をあらわすときにも使われていたからだ。

アリアヌスはこの題名をつけることで、密《ひそ》かな思いを込めたのかもしれない。「**エピクテトスの教えが、自らを守る術となるように**」と。

そう考えると、『要録』の冒頭と最後に記されている「エピクテトスの教えを常に

〝手元に（procheiron）〟携えておくように」という、アリアヌス自身の戒めの言葉ともつじつまが合う。

ちなみに、1501年に出版された人文学者エラスムスの著作の題名『エンキリディオン——キリスト教戦士の手引き』（原題はラテン語。邦題は教文館の著作集より）は、明らかにエピクテトスの『要録』になぞらえてつけられたものだろう。

**『要録』の全体的な構成**

『要録』は全部で53節から構成されており、節によっては数百語のまとまった文章もあれば、日々の行動の指針を箇条書きのように列挙したもの、わずか数行の短い文章もある。

各節の内容はそれぞれ完結しているが、全体としての流れや構成があることもはっきりと見て取れる。

たとえば第1節では、「自分の力が及ぶものと、そうでないもの（権内と権外）」というエピクテトスの思想の根幹となる考え方が説明されており、導入部としての役割を担っている。

一方、最後の第53節では、全体を締めくくるような格言が紹介されている。

中盤の第22節では、万人に向けた自由や心の平静についての教えではなく、哲学の道を志す生徒たちへの具体的なアドバイスが述べられている。

エピクテトスはこの節で、生徒たちのことを「ストア派の学徒」とは呼ばずに、「哲学を志す者」と呼んでいる。

これはおそらく、**どの学派に属しているかということよりも、哲学を志す者にふさわしい生き方（楽ではないが、慎ましく堅実な生き方）を心得ているかどうかが重要**である、という意識のあらわれだろう。

後半の節には、ストア派の学説に関わる内容や用語も出てくるが、これらについては注釈で説明している。

## 『要録』と『語録』の共通点と相違点

『要録』の第24節が『語録』と同じようなエピクテトスと生徒の対話形式で書かれていたり、第29節が『語録』の第3巻15章とほぼ同じ内容であったりと、2冊の書物のあいだには共通する部分が見られる。

とはいえ、基本的に『要録』は無駄を省いた要点だけを伝えており、文章のトーンも箴言《しんげん》ふうの淡々としたものである（「～を心に留めておくべきだ」「～するとよい」など）。

それでも全体を通して読んでみれば、そこに1つの確固たる人生観が浮かび上がってくるのを感じられるだろう。その根底にあるのは、**ストア哲学の自然観から導かれた「自由」の概念**である。

『要録』における表現の特徴についてもう1つ補足しておくと、エピクテトスは自分の意見を直接的に押しつける言い回しを避けて、「もし～ならば、……になる」という仮定表現を好んで使っている。

その婉曲《えんきょく》的な語り口もぜひ感じ取ってもらいたい。

# 1 「自分次第のもの」を見きわめる力をつける

**物事には、自分次第のものと、そうではないものがある。**

判断、行動欲求[3]、欲望[4]、忌避[5]は、どれも自分次第のものであり、自分自身にゆだねられている。

反対に、肉体、財産、人からの評価、社会的地位は、自分次第のものではなく、自分自身にはゆだねられていない。

「自分次第のもの」は、本質的に自由であり、何かに妨げられることも、強いられることもない。

3）「衝動」とも訳される。心に抱いた印象に対する承認にもとづいて、取るべき行動を決定する精神の働きのこと。
4）「良い」と感じる物事を手に入れようとする、強い感情。
5）「悪い」と感じる物事に対する強い拒絶的な態度。

一方、「自分次第ではないもの」とは、自分の思い通りにならないものであり、何かに妨げられ、より強いものに従わされることをまぬがれない。

したがって、次のことを心に留めておかなくてはならない。

他人に左右される物事を自分の思い通りにできると思い込んだり、真に自分のものではないものを自分のものであると勘違いしたりすれば、不満や悲しみ、苦しみを味わい、神々や他人の非を責めることになる。

**「自分の思い通りにできる物事だけが、真に自分のものであり、それ以外はすべて他人次第のものである」**という道理にかなった考え方をしていれば、誰かに支配されたり、妨げられたりせずにいられるだろう。

さらには、人を責めたり、とがめたり、意に反して渋々と行動したりすることもなければ、人に傷つけられたり、誰かに恨みを抱いたりすることもなくなる。

なぜなら、(このように考えている限り)あなたの気分を害するような出来事は一切起こらなくなるからだ。

ただし、このような高い理想を目指すのであれば、それなりの覚悟が求められることも忘れてはならない。完全にあきらめなくてはいけないことや、今は後回しにすべきことが出てくるだろう。

**自分にとって真に大切なものと、富や名声といったものを同時に追い求めれば、前者が後者の邪魔をして、結局は後者を手にできずに終わる。**

むろん後者を追い求めれば前者、すなわち、この世で唯一あなたに自由と幸福をもたらしてくれる「自分という人間の本質」は、けっして見出せない。

そうならないためにも、心をざわつかせる考えや心像が頭に浮かんだときは、「これはただの見せかけにすぎず、物事の真の姿ではない」と、すぐに自分に言い聞かせなくてはならない。

そして、あなたの持っている理性という尺度を使って、頭に浮かんだその想念を詳しく調べてみるといい。

**確かめるべきなのは、それが真に自分に関することなのか、そうではないのか、と**

**いうことだ。**

真に自分に関することでないのなら、必ずこう言うようにすればよい。

「これは、わたしが気を取られるようなことではない」

# 2 「避けられないもの」は避けようとしない

「欲望」とは、自分がほしいものを手に入れようとすること、そして「忌避」とは、自分が嫌だと思うものを避けようとすることを意味する。

人は自分のほしいものが手に入らないと不幸だと感じ、嫌なものを避けられないと苦しみを感じるものである。

これはつまり、自然にそぐわないもの[6]のうち、**自分の意志で避けられるものだけを**

6）自然に反する事柄。ストア哲学では、人間の最善の状態にそぐわないすべての事柄を指す。通常は、病気や貧困など、人間が本能的に避けようとするものを指すことが多いが、エピクテトスは、これらを「自分の意志によって」避けることはできないと考える。したがって、エピクテトスが「自然に反した状態」という表現を使う場合、自制を失った精神の状態（極端な感情や、倫理に反する衝動など）を主に意味している。このような状態は、理性の対極にあるものであり、「自分の意志によって」避けることが可能である、とエピクテトスは考える。

**避けるようにしていれば、嫌な思いをせずにいられる**ということだ。

病気、死、貧困といったものを避けようとしても、必ず苦しみを味わうことになるだろう。

そうならないためにも、「自分の力では避けられないこと」を避けようとせず、「自分の内側にある望ましくないもの」だけを避けるようにしなければならない。

欲望については、欲してよいものとそうではないものの区別がつくようになるまで、当面は、すべての欲を遠ざけるのがよい。

というのも、**間違って自分の思い通りにならないものを求めれば、みじめな思いを味わうことになる**からだ。

また、本来であれば望んでよいもの、すなわち自分の思い通りにできるものも、今のあなたには見きわめることが難しいからでもある。

まずは、「これをやってみよう」「これはあまり気乗りがしない」といった軽い感覚にとどめて[7]、「絶対にこれがしたい」「絶対にこれは嫌だ」といった強い感情に走らないようにするのがよいだろう。

## 3 「執着を断つ」訓練をする

あなたにとって心惹かれるもの、役に立つもの、大切なものについて、それがどのようなものであるか、自分に説明して言い聞かせるようにする。

まずは、ささいなものから練習してみるとよい。

たとえば気に入っている壺《つぼ》があるなら、「わたしは、ある1つの壺を気に入っている」と声に出して言ってみるのだ。

そうすれば、その壺が壊れたときにも動じずにいられるだろう。

妻や子に口づけをするときには、「わたしは、ある1人の人間に口づけをしている」と自分に言い聞かせるのだ。

そうすれば、彼らが命を落としたときにも動じずにいられるだろう。

7）判断の保留。心に浮かんだことに対して肯定的・否定的な判断を下すことを一時的に「とどめておく」精神の働きを指す。こうすることによって、状況に合わせて判断を調整することができる。

第1部　自らを守る術――『要録』より

## 4 事前に心構えをしておけば動じない

行動を起こす前に、その行動がどのようなものか、思い浮かべるようにすること。たとえば風呂を浴びに行くのであれば、まずは公衆浴場で起こり得ることを想像してみるのだ。

水しぶきをかけてくる者や、ぶつかってくる者、無礼なことを言ってくる者に遭遇するかもしれないし、物を盗まれるかもしれない。

こうしたことを思い巡らせてから、次のように自分に言い聞かせること。

「わたしは風呂に入りたい。その際に、自分の意志[8]を自然にかなった状態[9]に保ちたい(つまり、心を乱さずにいたい)」

これで心の準備は十分である。

何をするときでも、常にこのようにしていれば、途中で何が起きようとも、すぐにこう思えるはずだ。

「まあよい。邪魔は入ってしまったが、自分の意志を自然にかなった状態に保ちたいとも思っていた。ここで腹を立てたら、どちらも台無しになってしまう」

8）エピクテトスが好んで使う用語で、人間の自己決定能力や意志による選択を意味する。「選択」「意図」「意志作用」「決定」と訳されることもあるが、エピクテトスの意図を汲《く》むと「意志（will）」と訳すのが最も適切であると筆者は考える。

9）自然との調和。「理性的動物としての人間の本質を満たし、神によって決められた運命に従ってふるまう」というストア哲学の理想をあらわす表現。

## 5

# 人を責める前に自分に問いかける

**人を煩わせるのは、物事そのものではなく、「その物事についての考え」である。**

たとえば、死そのものが恐ろしいわけではなく、「死は恐ろしい」という考えが、死をそのようなものにしているのである（死が恐ろしいものなら、ソクラテス[10]も死ぬことを恐れたはずだ）。

したがって、不満を抱いたときや、苦しみや悲しみを感じたときは、他人を責めずに、自分自身、つまり自分の考え方に非があるのではないか、と思うべきなのだ。

道理を知らない者は、自分に都合の悪いことが起きると他人のせいにする。道理を学ぼうとしている者は、自分のせいにする。

そして、道理を心得た者は、けっして誰のせいにもしない。

# 6 自分の「外」に美点を見出さない

自分以外のものの美点を、さも自分自身の美点であるかのように得意がってはいけない。

あなたの馬が、「わたしは美しい」と自慢するのは別にかまわない。しかしあなたが「わたしの馬は美しい」と自慢するなら、馬の美点を自分のものと勘違いしていることに気づくべきである。

それでは、あなた自身が誇れるものとは何だろうか？

10）アテナイの哲学者（紀元前470年ごろ～前399年）。不敬罪と若者を堕落させた罪で処刑された。エピクテトスの講義では理想的な人間として語られる。『要録』32の「ソクラテスにならう」という箇所は、クセノフォンの『ソクラテスの思い出』（第1巻1章7節）で語られている逸話を指していると思われる。『要録』46の挿話は、プラトンの対話篇『プロタゴラス』の冒頭部の内容と思われる。

それは、**自分の思考[11]を正しく働かせられる能力**である。

あなたがこの能力を使い、自然にかなった状態にあるなら、そのときこそ胸を張るべきだ。誇るに値する美点があなたの内側に備わっているということなのだから。

# 7

## 「財産」や「美しいもの」に心を奪われない

道すがら、きれいな貝殻や、おいしそうな植物を拾って歩くのは別によい。ただし、意識は船へ向けたままにして、〝船長〟[12]が自分を呼んでいないか、たえず振り返って確かめなくてはならない。船長が自分を呼んでいるなら、拾ったものをすべて放り出して駆けつけること。そうしなければ、あなたは羊のように縄で船につながれたままにされてしまうことになる。[13]

11）心像。35ページ／注釈2参照。
12）ストア哲学における神をあらわす比喩。
13）「財産や美しいものに気を取られて神的なものの存在を忘れれば、せっかく人間に与えられた自由を失ってしまう」ということ。

人生も、これと同じである。貝殻や植物のかわりに、いとしい妻子を与えられても、それ自体に問題はない。

ただし、〃船長〃に呼ばれたときは、すべてを潔く手放して駆けつけなくてはならない。

あなたがすでに年老いているなら、呼んでいる声を聞き逃さないように、船から離れ過ぎないようにすることだ。[14]

# 8 物事をあるがまま受け入れる

物事があなたの思い通りになることを求めずに、それが起こるままでよいのだ、と考えること。

そうすれば、心穏やかに生きられるようになる。

14）「老いて死が近いのであれば、いっそう雑事に気を取られないようにせよ」ということ。

# 9 病気は体の働きを妨げるが、意志を妨げることはない

病気は体の働きを妨げるが、あなたが望まない限り、意志までも妨げることはない。脚が不自由であることは脚の働きを妨げるが、意志までは妨げない。

あらゆる場面でこのように自分に言い聞かせていれば、**妨げられているのは何か別のものであり、あなた自身ではない、**ということに気づくだろう。

# 10 「第一印象」に惑わされない

どんな状況でも、それに応じるために使うことのできる能力を、自分の内側に探すようにすること。

そうすれば、美しい人を見かけたときには**自制心**を、苦痛に襲われたときには**忍耐力**を、人に無礼な言葉をかけられたときには**寛大さ**を、あなた自身の内側に見出すだろう。

このような習慣を身につければ、物事の第一印象に流されなくなる。

# 11 すべては「借り物」にすぎない

どんな物事についても、「それを失った」と言わずに、「それを元のところへ返した」と言うようにしたほうがよい。

我が子が死んだ？　「あの子を元のところへ返した」のだ。

妻が死んだ？　「妻を元のところへ返した」のだ。

「あいつに土地を奪われた」。いや、その土地は元のところへ返されたのだ。

「奪ったのは悪いやつです」。あなたに土地を与えた者[15]が、どんな人間を使ってそれを取り戻そうと、あなたには関係ない。

**与えられたものは、旅人が宿を借りるときのように、他人のものとして扱うことが肝要だ。**

## 12 「より善い自分」になるために必要なこと

あなたが生き方において進歩[16]したいのであれば、「財産の管理を怠れば、食うに困ってしまう」とか、「うちの奴隷を懲《こ》らしめてやらないと、きっとまた悪さをする」といった不安は捨てなければならない。

不安を抱えながら裕福に暮らすより、心を煩わされずにのびのびと生きて飢え死にするほうがよいし、奴隷のふるまいについて気を揉《も》むくらいなら、彼らの好きにさせておくほうがよい。

だから、まずは大したことのない場面から練習してみることだ。

15) ストア哲学における神をあらわす比喩。
16) ギリシア語の「プロコペー」。生活信条としてストア哲学を実践している人や、より善い行動をするために熱心に努力をしている人たちに向けて使われる語。

油が少しこぼれた。誰かが酒を盗み飲んだ。そんな状況に遭遇したら、自分にこう言い聞かせるとよい。

「これは、穏やかな精神、何ごとにも動じない心[17]を得るために支払う対価なのだ。何ごともただでは手に入らない」

奴隷に説教をしたところで、言うことを聞かない可能性は大いにある。たとえ素直に従ったとしても、何もかもあなたの思い通りにしてくれるとは限らない。

いずれにせよ、その奴隷は、あなたが心をざわつかせるほど大それた存在ではないのだ。

# 13 自分の内面だけに集中せよ

より善い生き方をしたいなら、外的な物事について「無知だ」とか「馬鹿だ」と人に思われても気にしないことだ。

そして、人から「物知りだ」と思われようとするのもやめる。

誰かがあなたのことを立派な人物だと思っても、自分を過信しないように戒めることが大切だ。

精神を自然にかなった状態に保ちながら、外的な物事にまで気を配るのは、容易《たやす》いことではない。

一方に意識を集中すれば、もう一方がおろそかになるのは当然である。

17）平静さ・冷静さ。ストア哲学が理想とする精神状態。ここでは「アパテイア（「情念の影響を受けていない」の意）」「アタラクシア（「心が乱されていない」の意）」という、当時の哲学でよく使われる2つの表現が並べられている。

## 14

# 「望むべきもの」を間違えば自由を失う

あなたが「家族や友人だけは、何が起きても助かってほしい」と願っているなら、愚かなことである。

なぜなら、「あなた次第ではないこと」を、自分次第のことのように考え、「自分にはゆだねられていないこと」を、自分でどうにかできると思っているからである。

もしあなたが、「うちの奴隷が悪さをしませんように」と願っているなら、やはり愚かなことだ。徳の欠けている者に、悪事を働かないよう求めているのだから。

しかし、もしあなたが「自ら間違った欲を抱いて、みじめな思いをしないように」と願うなら、それは実現できる。あなた自身の内なる理性の力を磨けばよいのだ。

**あなたが望むもの、避けたいもの、それらを左右できる力を持つ人間は、誰であろ**

**うと、あなたを従わせる主人である。**

したがって、もし、あなたが自由でいたいなら、他人次第のものを望んだり避けようとしたりしないことだ。さもなければ、奴隷になるしかない。

# 15

## いかなる場面でも「自制心」を保つ

人生においては、〝宴の場〟でのふるまいを常に忘れないようにするのがよい。料理が自分のところへまわってきた――手をのばして、あなたの分を行儀よく受け取ること。料理が自分の前を通り過ぎた――それをわざわざ呼び止めようとしてはいけない。料理がなかなか運ばれてこない――そわそわせずに、料理が来るのを落ち着いて待てばよい。

自分の家族、地位、財産についてもこのような態度でいれば、いずれ神々[18]の宴にも加わることができるだろう。

ましてや、目の前に並んだごちそうを遠慮できるほどになれば、神々とともに宴を楽しむどころか、神々と同じほどの強い力を持てるだろう。[19]

ディオゲネス[20]やヘラクレス[21]といった者たちは、まさにこのようにして、なるべくして崇高な存在となり、人々から敬われたのである。

18）単数形で用いられる場合や、「ゼウス」という固有名詞で呼ばれる場合、宇宙の創造主や、宇宙に遍在する神的な力を指し、「自然」「運命」「宇宙理性（ロゴス）」といった語と同じ意味を持つ。基本的に「火のような息（プネウマ）」として存在し、人間には「理性」という形であらわれると考えられている。複数形で用いられる場合は、当時一般的だった多神教信仰への配慮であると考えられる。太陽（アポロ）、海（ポセイドン）、知性（アテナ）、理性（ヘルメス）など、自然界の要素をあらわすさまざまな神がいる。

19）「強い自制心を持てば、あらゆることを思い通りにできるようになる」ということ。

20）犬儒派の創始者で、紀元前4世紀中ごろに活躍した。エピクテトスの講義でよく言及される人物。

21）ギリシア神話の英雄で、数々の怪物を倒したとされる。ストア派や犬儒派では、哲学的な理想人物として語られた。写本によればこの箇所は「ヘラクレイトス（Heraclitus）」となっているが、ルイ＝アンドレ・ドリオンの解釈に従って、筆者の訳ではヘラクレス（Heracles）としている。

# 16 安易に人に同情しない

我が子が遠くへ行ってしまったり、財産をなくしたりして、悲しみに暮れている人がいても、**「この人は不幸な目にあった」という心像に流されてはいけない。**

すぐさま、「この人が悲しんでいるのは、起きた出来事のせいではなく、この人自身の考えのせいだ（だから、同じ目にあっても悲しまない人がいる）」と、考えるようにしなくてはならない。

むろん、慰めの言葉をかけることをためらう必要はないし、一緒に嘆き合ってもかまわない。ただし、本気で悲しむことのないように。

## 17 役者として「役」を演じ切る

あなたは芝居の役者であり、脚本家[22]の望む通りに演じなくてはならない、ということを絶対に忘れてはならない。脚本家が短い作品にしたければ短篇を、長い作品にしたければ長篇を演じることになる。

物乞いの役を求められたら、物乞いの役に徹しなくてはならない。体が不自由な者、国の高官、庶民、どんな役になってもそれは同じである。

あなたのつとめは、与えられた役を立派に演じ切ることであり、配役を決めるのは別の者（すなわち神）の仕事である。

22）ストア哲学における神をあらわす比喩。

## 18

# 自分次第ですべては「吉兆」になる

カラスが不吉な鳴き声を上げたからといって、その雰囲気にのまれて不安になってはいけない。

すぐに内なる理性を働かせて、こう自分に言い聞かせるのだ。

「これは、不吉な予兆などではない。

何が起きようとも、影響を受けるのは、わたしのちっぽけな体か、わずかな財産か、大したことのない評判か、わたしの妻子なのだ。

わたし自身に関わることは、すべてが吉兆だと思えばその通りになる。

なぜなら、何が起きても、**わたしの考え方によって必ずそこから得られるものがあるからだ**」

# 19 羨望や嫉妬に流されない

あなた自身が勝敗を決められる戦いを繰り広げている限り、あなたが負けることはない。

ちやほやされている人、権力を持っている人、一目置かれている人を見ても、「あの人は幸せだ」と勝手に決めつけてはならない。

真に善いものは自分の内側にある（つまり、自分次第）と考えれば、人をうらやんだり妬んだりする気持ちは生まれない。

法務官《プラエトル》[23]や議員、執政官といった権力者になるよりも自由でいたいと思うはずだ。

自由を手にする唯一の道とは、「**自分の内側にないものは、些末《さまつ》なことにすぎない**」と考えることである。

23）古代ローマの高官で、行政や属州の統治を担当した。

# 20

## 「嫌な思い」をするのは、あなた自身がそうさせているため

あなたに嫌な思いをさせるのは、あなたに暴言を吐く者や、暴力を振るう者ではなく、「嫌な思いをさせられた」というあなた自身の考えである、ということを忘れてはならない。

**誰かの言動が気にさわったら、その怒りが自分の判断から生じていることに気づかなくてはならない。**

まずは、出来事に気持ちが流されないようにすることから始めるとよい。一度立ち止まって考える余裕を持てば、自分を抑えるのも簡単になる。

# 21 恐怖と向き合う訓練をする

死、追放、そのほかに「恐ろしい」と感じるものを、日々、目の前に思い描くようにすること。

特に、死を思い浮かべるのは効果的だ。卑しい考えを持たなくなるし、むやみに何かを求めないようになる。

# 22 自分が最善と思える道を進め

あなたが哲学の道を志すのなら、初めに覚悟しておいてもらいたい。たくさんの人に笑い者にされ、「急に哲学者を気取るようになった」「あの偉そうな態度はどこで覚えたんだ」と言われ、からかわれることを。

だから、尊大な態度を見せずに、神から与えられた道を行くようにして、**あなたが最善だと思うことに専念すればよい。**

その姿勢を貫けば、あなたを馬鹿にしていた者たちも、いずれあなたに感服するだろう。しかし、もし途中でその道に背を向ければ、あなたはふたたび笑い者になるだろう。

# 23

## 自分で自分を認められるように
## なればよい

人に認められたいという思いから、外面的なことに少しでも気を取られたら、自分は目指すべきところを見失ったのだと考えてよい。あなたの心は、哲学の道を歩んでいるという一点においてのみ、満たされなくてはならない。

人から哲学者であると認められたいのなら、自分で自分をそう思えるようになればよい。それで十分である。

# 24

# あなたが持っていないものを人に与えることはできない

「わたしは、人から尊敬もされずに死んでゆくのだろう。どこへ行っても、どうせ何の役にも立たない人間なのだ」と言って思い悩むことはない。**人から尊敬されるような徳に欠けていることが悪いことだとして**（実際そうなのだが）、**その悪はあなたの内側から生まれるもの**であり、あなたを不名誉な人間にしているのは、ほかならぬあなた自身なのだ。

まさかあなたは、公職に就いたり、晩餐会に招かれたりすることが、自分の本当にすべきことだとは思っていないだろう。

――「思っていません」

それなら、なぜ（そのような経験と縁のないことを）不名誉だと思うのかね？
それに、なぜ自分が「役立たず」だなどと言うのだろうか。

あなたは、自分にゆだねられた物事においてのみ、つとめを果たせばよいのであり、その点においてあなたにかなう者はいないはずだ。

――「ですが、それでは仲間の役には立てません」

「役に立てない」とは、どういう意味かね？

確かにあなたには、仲間に財産を恵んでやることも、市民権を与えてやることもできない。

しかし、そうすることがほかの者の役目ではなく、あなたの役目であると、いったい誰が言ったのか。**あなた自身が持ち合わせていないものを、人に与えられるはずがない**ではないか。

こんなことを言う人もいる。

――「では、あなたが裕福になって、わたしたちに恵んでください」

それならまずは、わたしが自分を貶《おとし》めることなく、誠実さや高潔さを保ったまま金銭を得られる方法を教えてくれたまえ。その通りにしよう。

もしあなたが「善」とは無関係なものを手に入れるために、わたしの内なる善い[24]ものを捨て去れと言っているなら、それがどれほど理不尽で図々しい要求であるかを知るべきだ。

金銭と、信頼に足る誠実な友。あなたが本当に手に入れたいのは、はたしてどちらだろうか？

わたしとしては、自分を貶めずにいられるよう、むしろあなたの助けを借りたいくらいなのに、あなたはまさにその逆のことをわたしに要求している。


こんな声も聞こえる。

――「ですが、それでは結局、祖国の役に立てません」

もう一度聞くが、「役に立てない」とはどういう意味だろうか？

確かにあなたの祖国は、あなたが金銭的な援助をしないがために、柱廊や公衆浴場を造れなくなるかもしれない。

しかし、それのいったいどこが問題なのか。靴が足りないのは鍛冶屋のせいで、武器が足りないのは靴屋のせいだ、とでも言うのかね？

それぞれが自分の役目を果たせば、それで十分ではないか。それに、あなたが信頼に足るような誠実な市民であれば、それは祖国にとって良いことではないかね？

――「良いことです」

それなら、あなたは祖国にとって役立たずではあるまい。

――「ですが、わたしは（誠実な市民であることによって）いったいどんな地位を得られるのですか？」

あなたが人からの信頼や誠実さを失わずに得られる地位であれば、どんな地位でも手に入れられるだろう。

しかし、もし祖国の役に立とうとするあまり、**誠実さや高潔さを失ってしまえば、あなた自身にとって不名誉なだけでなく、人からの信頼も失うだろう。**

そのような結果が、はたして「人の役に立つ」と言えるだろうか？

24）ストア派において「善い」という概念は、「気高い、徳のある」状態を指し、人の内面や行動をあらわすときに使われる。

# 25

## 対価を払わずに手に入れられるものはない

宴席や接待の場、あるいは相談ごとのために招かれたときに、誰かがあなたよりも大事な客として手厚くもてなされていたとしよう。

仮にそうした扱いを受けるのが善いことなら、その人が善いものを得られたことを、あなたは喜ぶべきである。

もしそれが悪いことなら、あなたはそれを得ずに済んだのだから、気分を害する理由はどこにもない。

**他人次第のものは、人と同じ対価を支払わなければ、同じ分け前は得られない**ということを覚えておいてほしい。

あなたがご機嫌取りのために誰かの家に出向いたり、出かけるときにお供して褒め言葉の1つでもかけたりしていないのなら、そうやってゴマをすっている者たちと同じ扱いをされるはずがない。

対価も払わずに、ただで何かを得ようとするのは、ずるくて欲張りなことである。

ところで、レタスの値段はいくらだろうか。仮に1オボロス（小銀貨1枚）としよう。

誰かが1オボロスを支払ってレタスを手に入れたからといって、「自分はレタスを手に入れられなかった」と考えてはいけない。

その人の手には買ったレタスがあり、あなたの手にはまだ使っていない銀貨が1枚ある、というそれだけのことだ。

これと同じことが、人づきあいにも言える。

誰かの主催する晩餐会にあなたは招かれなかった。そう、主催者にしかるべき対価を支払わなかったからだ。

その人は招いた客にちやほやされて注目を浴びるために、いわば晩餐の場を売っている。それに参加することに価値がある、とあなたが思うなら対価を支払うべきだ。

しかし、何もせずにただで招かれたいと思うのは、図々しいうえに愚かである。

あなたには人の家で食事をすること以外に、するべきことはないのかね？　あるに決まっている。

それなら、褒めたくもない人をわざわざ褒めてやる必要もないし、集まった人だかりを相手にする必要もないだろう。

# 26 他人の言動や出来事も我がこととして見る

自然のはからい[25]というのは、誰もが同じ考えに至るような状況から学び知ることができる。

たとえば、よその家の奴隷が主人のコップを割ると、我々はすぐさま「こうした災難はよくあることだ」と考える。それなら、自分のコップが割れたときも同じように考えるべきだ。

このことを、もっと重要な物事に当てはめてみよう。

我々は、よその妻や子どもが死んだときには、口をそろえて「人はいつか死ぬものだ」と言う。

ところが身内の者が死ぬと、「何ということだ」「残されたわたしはどうなる」と

25）人間にどんな影響をおよぼそうとも、必ず起こるとされている出来事。

いった言葉が口をついて出てくるのである。

これと同じことを他人が言っているのを聞いたら、あなたはどう感じるだろうか。

その感覚を忘れないように頭に刻み込んでおくのだ。

# 27

## 自然の営みに「悪」はない

わざわざ撃ち損ねるために置かれる弓の的などないように、森羅万象において、それ自体が悪い[26]ものは存在しない。

26）ストア派において「悪（カコス／kakos）」という概念は、人の内面や行動に道徳的な非があることを指す。したがって、外的な自然（物理現象）には、「悪い」ものは存在しない。

# 28

## 自分の「心」を他人に ゆだねていないか

もし見知らぬ者に自分の体を勝手に操られたなら、あなたはひどく怒るだろう。
ところが、あなたの心については、相手が誰であろうと好き勝手に操らせている。
だから、悪口を言われて傷ついたり悩んだりするのだ。
情けないことだとは思わないかね？

29

# 思いつくままに物事に手を出しても失敗する

何かを始めるときは、**前提となる物事と、それによって起こり得る結果**[27]をよく考えてから行動に移すようにすべきだ。

先々に待ち受けていることを考えなければ、勢いに任せて張り切って始められるだろう。しかし、何か困難に直面したら、たちまち挫折して恥をかくことになる。

あなたは「オリンピックの競技で勝ってみたい」と言う。わたしだって、そんなすばらしい経験をしてみたいものだ。

しかし、競技を習い始める前に、まずはその計画を最初から最後までよく考えてみる必要がある。

27）前提と帰結。ストア派の論理学において「PならばQである」という推論をあらわす用語。

第1部　自らを守る術――『要録』より

訓練を始めれば規則正しい生活を送らなければならず、厳しい食事制限に従い、甘い菓子は我慢し、夏であろうと冬であろうと、決められた練習にひたすら打ち込むことになる。

水やワインでさえ、好きなときに口にできなくなる。まるで医者の言いつけを守る患者のごとく、教官に従わなくてはならない。

そして、いざ試合になれば、敵と並んで穴を掘り[28]、手を脱臼したり、足をひねったり、砂ぼこりを山ほどのみ込んだりすることになる。しかも、散々相手から殴られた挙句に、負けることもある。

こうしたことをよく考えたうえで、それでも競技をやってみたいと思うなら、そうすればよい。

しかし、何も考えずにただ飛びつけば、子どもが戯《たわむ》れにレスリングをしたり、剣闘士ごっこをしたり、ラッパを吹いたり、芝居の真似ごとをしたりするのと何も変わらない。

今のあなたがまさにそうではないか。競技の選手になりたいと言ってみたり、剣闘士になりたいと言ってみたり、そうかと思えば演説家に憧れたり、哲学者を目指してみたり……。しかし、あなた自身は何も成長していない。

これでは、目に映った楽しげなものを、次から次へと真似するだけの猿と一緒だ。その原因は、後先を考えず、よく検討もせずに物事を始めるせいだ。思いつくままに手を出すから、真剣に打ち込むことができないのである。

あなたのような人が、哲学者に会ったり、エウフラテス[29]のような哲学者の立派な講義を聞いたりして（実際には、彼のように話せる者などいないだろうが）、「自分も哲学者になろう」などと言い出すのだ。

いいかね。まずは自分がやりたいと思うことをよく分析して、自分がそれに合った素質を持っているのかどうかを確かめるようにすべきだ。

28）何らかの競技の描写。ほぼ同じ表現が『語録』の第3巻15章にも登場するが、詳細は定かではない。後続の文章から、競技者が掘った穴のなかでおこなう格闘技を指していると思われる。
29）講義の上手さで知られていたストア派の哲学者（1世紀後半）。『語録』では2度言及されている。『要録』29の写本では、ソクラテスの名が記されているが、エウフラテスとして訳されることが多い。

あなたは本当に、五種競技《ペンタスロン》や格闘技をやってみたいのかね？　それならまずは、自分の腕や太もも、腰まわりを、よく観察してみるといい。人にはそれぞれ、持って生まれた向き不向きがある。たとえば哲学をしようという人が、これまでと同じように（節制もせず）飲み食いしたり、怒りやいらだちに駆られたりすることが許されるだろうか。

哲学の道を選べば、寝る間を惜しんで勉強に打ち込むことになり、友人や家族とは疎遠になり、年端もいかない奴隷から見下され、会う人会う人に笑い者にされる。地位や名誉を手に入れ損ねるどころか、法廷でさえ不利になり、たえず格下の人間として扱われることになる。

こうした代償を払っても、不動の精神や、心の自由と平静を手に入れたいのかどうか、自分に問うてみることだ。もし「そうだ」と答えられないなら、哲学に手を出すのはよしておいたほうがいい。

子どものお遊戯のように、哲学者になったら収税吏、それから演説家、それから皇帝に仕える高官に、というふうにはいかない。これらの職業には何も共通するところがないのだから。

善き人間であれ、悪しき人間であれ、あなたは「1人の人間」になることを目指さなくてはならない。

自分を導く内なる理性[30]を磨くのか、それとも外的な物事にこだわるのか、どちらかを選ばなくてはならない。

内側と外側のどちらに意識を向けるのか、つまり、哲学に生きる者と俗人のどちらの役に徹するのか、選ぶ道は2つに1つなのである。

30）指導的理性。理性をもとに働く人間の精神、魂の主要部分を指す。自己をコントロールし、行動を決定する役割を持つ。

# 30

## 「傷つけられた」と認めることによって、初めてあなたは傷つく

人間関係における適切なふるまい[31]は、たいていの場合、相手との関係によって決まっている。

たとえば相手が父親なら、世話をしてやり、言うことを聞いてやり、叩《たた》かれたり怒鳴られたりしても我慢するものだ、ということになっている。

――「相手が悪い父親の場合は、どうなりますか？」

あなたは、人が立派な父親にだけ（人間としての）本能的な親近感[32]を抱くものだと思うかね？

――「いいえ、人は（良し悪しに関係なく）〃父親〃という存在に対してそのような親近感を抱くのだと思います[33]」

兄弟に不当に扱われたからといって、それを理由に縁を切ろうとしてはいけない。相手の行動についてあれこれと考えるより、どうすれば自分の心を自然にかなった状態に保てるか、ということを考えるべきである。あなたが「自分は傷つけられた」と認めることによって、初めてあなたは傷つくのである。

すべての人間関係をこのように考えるとよい。そうすれば、隣人、ローマ市民、軍人など、(相手が誰であれ)それぞれに適した接し方があることに気づくはずだ。

31)各生物がそれぞれ持っている性質に適した行為。危険回避本能のように自分のために取る行動と、家族や共同体のために取る社会的な行動の両方を含む。
32)本能的な親しみ。生物が持っている自己保存の本能と社会的な本能を指す。人間に備わる自然な性質として、ストア派の倫理学の前提になっている。
33)「相手の人柄に関係なく、人間としての親近感を抱くことが自然の摂理にかなっている」ということ。

# 31 何が起ころうとも、自分に関わる物事の善悪だけを問う

神々に対する敬虔さとは、主に次の2つのことをいう。

1つは、神々の存在や、彼らの崇高で公正なる采配について、正しく理解していること。

もう1つは、神々に従うこと、つまり、**何が起ころうとも、それを神々の最善のはからいとして、進んで受け入れる覚悟を持つ**ことである。

このような態度を保っていれば、神々に向かって文句を言ったり、「わたしは運に見放された」などと嘆いたりしなくなるだろう。

ただし、こうした神々への敬いの心を得るためには、自分と関わりのない物事に良し悪しの区別をつけるのをやめて、**真に自分に関わる物事の善悪だけを問う**ようにしなくてはならない。

なぜなら、自分の力がおよばない物事に善悪の区別をつけている限り、ほしいものが手に入らなかったり、嫌なものに出くわしたりするたびに、神々の非を責めて恨むことになるからである。

危険そうなものや、実際に害をもたらすものを避けて遠ざけ、有益そうなものや実際に役に立つものには心惹かれてそれを得ようとする。あらゆる生き物は、本来そのようにできている。

自分が何か害を受けたと思えば、その事実と同じくらい、それを引き起こしたものを恨めしく思うのは当然のことだ。

だからこそ、自分が善いと信じるものを奪う者は、それが父親であっても憎まれるのである。

エテオクレスとポリネイケス[34]が兄弟で争うことになったのも、両者がともに「王の

34）オイディプス王の息子たち。父王から互いに殺し合う呪いをかけられ、後に王位を巡って争った。

権力を手にするのは良いことだ」と、信じて疑わなかったためである。

農民も、水夫も、商人も、妻子を亡くした男たちも皆、これと同じ理由で神々の非を責める。

つまり、自分の利害がからんだ場面では、敬いの心が試されるということだ。しかるべき形で利害や善悪を判断するようにすれば、敬虔さを失うことはない。

とはいえ、宗教的な儀式をおこなって捧《ささ》げ物をするのも、我々にとって（敬虔さを保つために）必要なことである。

そうした場に臨むときは、神々への純粋な気持ちを忘れないようにして、（儀式そのものは）けちけちし過ぎず、かといって華美になり過ぎないのがよい。

# 32　占いの結果に一喜一憂しない

運勢を占ってもらうときは、未来を正確に知ることはできないということを覚えておくことだ。だから占いの助けを借りにゆくのである。

あなたが真の哲学者であるなら、未来というものの性質をすでに心得ているだろう。**未来とは、我々の力のおよぶ範囲の外にあり、善悪の区別のつけようがないもの**なのである。

だから、自分が手に入れたい物事や、避けたい物事について占ってもらおうとせずに（さもないと、結果が出るまで大きな不安を味わうことになる）、**どんな結果が出ようとも、それは善くも悪くもない**[35]のだと思うようにする。

どんな出来事が起ころうとも、あなたはそれを自分のために活《い》かすことができ、そ

35）それ自体では善悪と無関係な物事。人間がどう扱うかによって、善いものにも悪いものにもなり得る。

れを妨げる者はいないのである。

こうしたことを踏まえて、助言を与えてくれる者、つまり神々のところへ臆することなく向かえばよい。

そしてお告げが得られたら、それを与えてくれたのは誰なのか、それを無視したら誰を無視することになるのか、ということをしっかりと覚えておくことが大切だ。

どういうときに占いの力を借りるべきか、ということについては、ソクラテスにならうとよい。

つまり、物事に適切に対処するために、これから起こり得ることを想定しておいたほうがよいとき、そしてなおかつ、理屈やほかの方法ではそれを知り得ないときに占いの力を借りる、という考え方である。

したがって、友人や祖国のためにあなたが危険を冒そうとしているときは、わざわざ占い師に頼る必要はない。

なぜなら、不吉な予兆を告げられたところで、それが死、怪我《けが》、追放といったものを意味しているのはわかり切ったことであり、それでもあなたの内なる理性は、仲間のために危険に身を投じよ、と求めるはずだからだ。

そういうわけで、デルフォイのアポロ神[36]のところへは気安く占ってもらいに行かないほうがいい。

殺されかけた仲間を見捨てた男性がやって来ると、(占うに値しない者として)神殿から叩き出されたそうだ。

36）デルフォイにある神殿で神託（予言）を与えていた神のこと。「危機に瀕《ひん》している友人を救うべきかどうかを決めるのに、神託に頼る必要はない」というのが、この挿話の教訓である。

# 33 精神を磨くための日々のおこない

**自分はどんな人間でありたいのか、どんなふるまい方をしたいのか、今から明確にしておく。**そして、1人でいるときも、誰かと一緒にいるときも、常にそれに従うようにするのだ。

無駄なおしゃべりはせず、必要なことだけを話すこと。必要に迫られて人と会話をするのはよいが、剣闘試合、競馬、競技の選手、食べ物や酒の話といった月並みな話題は避けること。

とりわけ、**誰かの悪口を言ったり、お世辞を述べたり、人を非難したりしないこと。**できればあなた自身の発言で、会話を適切な方向へ導けるとよいが、見知らぬ人との会話では黙っているほうがよい。

## 社交において自分を保つ方法

むやみに大声で笑わないこと。

何かを誓ったりしないこと。それが難しい場合も、誓いの類はできるだけ避けるほうがよい。[37]

あなたと関わりのない人たち[38]との宴に招かれたら断ること。やむを得ず参加するときは、彼らのふるまいに感化されないよう気を引き締めておくこと。

**どれほど洗練された人でも、低俗な相手とつきあえば清らかさを失ってしまう**ものだ。

肉体に関わるもの（食べ物や飲み物、衣服、住居、奴隷）は、**必要な分だけを持ち、見栄や贅沢《ぜいたく》のためのものはすべて断つこと。**

37）「人間にとって不確実な未来を断定的に語ってはならない」という意味。

38）「普通の人たち」という意味もあり、『要録』の別の節ではそのように訳している。エピクテトスは「哲学をしていない人たち」という意味でもこの語を使う。

情欲については、結婚するまで慎むほうがよい。

仮にそうした行為におよんでも、社会的に許される範囲にとどめること。人の情欲についてとがめたり、余計な口出しをしたりしないこと。自分が禁欲的な生活をしているからといって、他人に言いふらさないこと。

ある人があなたの悪口を言っていた、と教えられても、そのことについて言い訳をせず、このように返すこと。

「どうやらその人は、わたしのほかの欠点を知らないらしい。知っていれば、それも悪く言っていたはずだから」

見世物の試合というのは、わざわざ見に行くようなものではないが、仮に試合を見に行くことになっても、**他人の応援に夢中になって、自分をおろそかにしないこと。**

つまり、結果をありのまま受け入れ、勝った者を勝者として認めるのを忘れないこと。そうすれば、結果に気分を左右されることもない。

また、大声で叫んだり、野次を飛ばしたり、熱中したりし過ぎないように自分を抑えること。
ひとたび試合が終わったら、**自分の成長と関係のない話は避けること。**試合の出来事をあれこれ語ったところで、この人は試合に夢中だったのだな、と思われるだけである。

人の朗読会[39]には、軽い気持ちで何となく顔を出さないこと。もし話を聞きに行くのなら、冷やかしたりせず真面目に聞いて、相手に不愉快な思いをさせないこと。

**人の対応を黙って受け入れる**

人に会うとき、特に影響力のある人物と会うときは、「ソクラテスやゼノン[40]だったら、この状況でどのようにふるまうだろうか」と想像してみるとよい。そうすれば、思い悩むことなくその場を乗り切れるだろう。

39）当時は、詩人や哲学者、演説家が、聴衆の前で自分の作品を披露する慣習があった。
40）キプロス島出身の哲学者。紀元前4世紀の終わりごろ、アテナイでストア派を創始した。

有力者の家を訪れるときは、相手が留守だったり、冷たく追い返されたり、鼻先で扉を閉められたり、まともに取り合ってもらえなかったりする可能性を見越しておくこと。

これらのことを考えたうえで、それでもやはりその人を訪ねる必要があるなら、何が起きても冷静に受け入れ、「無駄足だった」などと言わないこと。起きた出来事に対して文句を言うのは、凡人のすることである。

**無用なおしゃべりに興じない**

人前で、自分のおこないや武勇伝を長々と語らないこと。話しているあなたは楽しいかもしれないが、聞いている人が楽しんでいるとは限らない。

おどけて人を笑わせようとするのも避けたほうがよい。そうした言動は低俗なものになりやすく、あなた自身まで軽い人間に見られてしまいがちだ。

品のない話にも気をつけなくてはならない。

会話がそのような話題におよんだら、頃合いを見て、話を振った人をたしなめるようにすること。きっかけがなければ、黙って何も言わずにいるか、赤面したり、眉をひそめたりして、不快であることを示すとよい。

# 34

## 誘惑に勝つ喜びに勝るものはない

何かしらの快楽に対する**欲求が湧いたら、ほかの感情の場合と同じように、そのままそれに流されてしまわないよう気をつけること。**

まずはその欲求を少し待たせて、自分に考える余裕を与えてから、その快楽にふけっているときと、後で自分を責めて腹を立てているときのことを想像してみる。それから、そのときの気分と、欲求を抑えた場合に感じる喜びや自信を比べてみるのだ。

今回ぐらいは楽しい気分を味わおう、という気持ちが起こっても、油断して甘い誘惑に負けてはならない。

**その誘惑に打ち勝てばどれほどすばらしい気分になるか、**想像してみるとよい。

# 35

## 見当違いな批判を恐れない

**「これをやるべきだ」と自分が決めたことは、たとえ世間の人々が異を唱えても、人目を避けずに堂々とやるべきである。**

それが不正なおこないなら当然すべきではないが、それが正しい行為なら、見当違いな批判を恐れる必要がどこにあるだろうか。

第1部　自らを守る術――『要録』より

# 36

## 欲を満たすことに夢中にならない

「今は昼である」「今は夜である」という2つの文がある。

どちらか片方の文を「正」とする（「今は昼であるか、もしくは夜である」）なら意味を成すが、両方の文を同時に「正」とする（「今は昼であり、夜でもある」）と意味を成さない。[41]

食事の席でのふるまいも、これと同じである。

たくさん盛られた皿を選べば「腹を満たす」ことはできるが、「礼儀を重んじる」ことはできない。

食事に招かれたときは、自分の腹を満たすことと、もてなしてくれる人への敬意を示すことのどちらが大切なのかよく考えること。

# 37

# 自分の力を過信しない

自分の能力を超えた役割[42]を引き受ければ、失態を演じて自分を貶めるだけでなく、あなたが立派につとめられたはずの役割を蔑《ないがし》ろにすることにもなる。

41）選言命題と連言命題。ストア派の論理学の理論。ここでエピクテトスは、「論理的な整合性」「人からの評判」という2つの意味を持つギリシア語の「アクシア」という単語を使って、いわば言葉あそびをしている。

42）演劇の役を意味するギリシア語の「プロソポン」。家族関係や社会生活において個々の人間が見せるアイデンティティや特徴をあらわす語で、エピクテトスが好んで使う。

## 38 すべての行動に意識を集中させる

歩くときには、釘《くぎ》を踏んだり足を挫《くじ》いたりしないように注意する。

それと同じように、**あなたの内なる理性を損ねないように注意を払わなくてはならない。**

このことをすべての行動において意識すれば、何ごとも確かな方法でおこなうことができる。

# 39 物事の尺度を見失うと限度がわからなくなる

足の大きさによって靴の大きさが決まるように、生活に必要なものは肉体の条件によって決まる。

こうした尺度を忘れずにいる限り、節度を保つことができる。

度を越えるということは、いわば崖から落ちるようなものだ。

靴の場合、「足の大きさ」という尺度をひとたび越えてしまうと、金箔《きんぱく》をあしらった靴、深紅の靴、刺繍《ししゅう》のついた靴……、と次々にほしくなる。

**物事を見定める尺度を見失うと、限度がわからなくなってしまう**のである。

第1部　自らを守る術――『要録』より

# 40 人としての内面的な美しさを磨く

女性は14歳にもなると、男性から「ご婦人」として扱われる。[43]

そして、男性との結婚に自分の人生がかかっていることを知ると、化粧をして、自分の外見にすべての希望を託すようになる。

人の敬意に値するのは品位や慎ましさであることを彼女たちは知るべきなのだ。

## 41

# 肉体よりも精神の鍛錬に時間をかける

運動、飲み食い、排泄《はいせつ》、性交といった、肉体的なことに長い時間をかけるのは、未熟な精神のあらわれである。

こうした物事は、何かのついでにやれば済むことであり、**意識は常に自分の考えていることに向けていているべきである。**

43）当時は15歳前後で結婚する女性が多かった。

# 42 批判されて傷つくのは自分ではない

人から不当な扱いを受けたり、非難されたりしたときは、こう思えばよい。

「この人は、自分が正しいと思うことをしているだけなのだ」

人はあなたの考えに従うわけではなく、自分自身の考えに従うものである。

したがって、**もしその人の考えが間違っているなら、その誤りによって損をするのはその人自身なのだ。**


正しい連言命題[44]を、誰かが「これは正しくない」と判断しても、命題そのものは何の害も被らない。誤った判断を下した人が損をするだけである。

常にこのように考えていれば、誰に何を言われようとも、「なるほど、この人はそう思っているのか」と、受け流すことができる。

## 43

# 逆境でも正しい「取っ手」をつかむ

どのような状況であっても「取っ手」は2つついている。片方をつかめば物事をうまく運ぶことができ、もう片方をつかめば行き詰まる。

もしあなたが兄弟から不当な扱いを受けたとしても、そのことに固執してはいけない。それは、物事を行き詰まらせるほうの「取っ手」なのだ。

そこで、もう一方の「取っ手」を選んで、「この人は一緒に育ってきた兄弟である」という事実を受け入れるとよい。

そうすれば、その状況において物事をうまく運ぶ姿勢を保つことができる。

44）129ページ／注釈41参照。

# 44
# 「誤った理屈」に陥らない

次のような理屈は論理的におかしい。

「わたしはあなたより金持ちだ。だから、わたしはあなたよりも優れている」

「わたしはあなたより弁が立つ。だから、わたしはあなたよりも優れている」

一方、次のような理屈は論理的に正しい。

「わたしはあなたより金持ちだ。だから、わたしの財産はあなたの財産よりも多い」

「わたしはあなたより弁が立つ。だから、わたしの発言はあなたの発言よりも説得力がある」

つまり**あなたの本質は、持っている財産でもなければ、言った言葉でもない**ということだ。

# 45 他人のことを短絡的に決めつけない

入浴を素早く済ませる人のことを「せっかち」と呼ばずに、「この人は、風呂にかける時間が短い」と言うようにする。

酒をたくさん飲む人のことを「飲んだくれ」と呼ばずに、「この人は、飲む酒の量が多い」と言うようにする。

**事情をよく知りもせず、どうやって人のふるまいに良し悪しの区別をつけることができるというのか。**

このことに気をつけていれば、ある物事について疑いようのない印象[45]を抱いても、それを不正確な判断[46]と結びつけずにいられる。

45）明確な認識。知覚したり考えたりした事柄が、間違いようもなく明らかだと感じること。
46）ある事柄が「正しい」と認めること。

# 46 言葉でなく行動で信念を示す

自分のことを哲学者であると言ったり、哲学についての信条を長々と人に語ったりしてはならない。ただひたすら、**その信条に沿って行動する**のだ。たとえば食事の席では、食べ方の作法をあれこれ論じるのではなく、品よく食べるようにする。

ソクラテスには虚栄心がまったくなかったので、「哲学者を紹介してほしい」と人が訪ねてきても、快く家に招き入れたそうだ。自分が哲学者だと思われていないことなど、気にもかけなかったのだろう。

人との会話が哲学の話題におよんでも、なるべく黙っているほうがよい。まだ消化し切れていないものを、うっかり吐き出してしまう危険が大いにあるからだ。

他人に「この人は、哲学について何も知らないから黙っているのだ」と思われても平然としていられたなら、ようやく哲学の道への一歩を踏み出したと言える。

羊は、自分がどれだけ草を食べたかということを羊飼いに見せびらかしたりしない。かわりに、食べたものを体のなかで消化して、毛糸や乳をもたらしてくれる。

あなたも、**信念を人に語って見せびらかすことはせずに、それを自分のなかに取り込んで行動で示せばよい。**

# 47

## 自分自身のために鍛錬せよ

質素な食事に耐えられるようになったからといって、それを人に自慢しないこと。

飲み物には水しか飲まないからといって、それを人に触れ回らないこと。

修行をするなら、自分自身のためにそれをおこない、人に見せようとしないこと。

修行のために彫像にしがみついている[47]姿を、人に見られないようにすること。

どうしても喉が渇いたときは、口に水を含んで吐き出せばよい。それをいちいち人に告げる必要はない。

# 48 より善く生きようとする人の特徴

普通の人の特徴は、物事の善悪を、自分の内側ではなく外側に見出そうとするところにある。

哲学をする者の特徴は、物事の善悪を、自分の内側だけに見出すところにある。

自分を成長させようとしている者は、誰かをけなしたり、褒めそやしたり、責めたり、非難したりせず、大物ぶったり、自分が博識であることをほのめかすような発言をしたりもしない。

そのような人物は、何かを妨げられたり、思い通りにいかないことが起こったりすると、自分に非があると考える。

47）忍耐力を示すために寒中で裸になっておこなう犬儒派の修行法をエピクテトスが揶揄《やゆ》している。

人から褒められたら、その人のことを心のなかで笑い、人から責められても言い訳をしない。

そして、まるで病み上がりの人が体をいたわるように、一つひとつの動きに注意を払う。あらゆる欲を遠ざけ、自分が避けることのできる自然に反するものだけを避けようとする。

何をするにも執着し過ぎることはなく、人から無知だの馬鹿だの思われても、平然としている。

要するに、自分をより善くしようと努めている者は、敵に襲いかかろうとして相手を見張るかのように、**自らの言動に注意を払っている**のである。

# 49

## 学んだ知識は実践してこそ意義がある

自分はクリュシッポス[48]の本を理解できるし、説明もできる、と得意げに話している人がいたら、心のなかでこう思えばよい。

「もしクリュシッポスの本がもっとわかりやすく書かれていたら、この人には誇れるようなものは何もなかったのだろう」

それでは、わたしの考える理想とはどのようなものか。それは、自然というものを理解し、それに従って生きることである。

そこでまず、わたしは自然について教えてくれる人を探す。クリュシッポスが自然についてよく知っていたと聞けば、彼の本を読んでみようとする。

48）アテナイで興ったストア派の第3代学頭（紀元前3世紀）。ストア派の教書となる書物を数多く著した。

ところが、わたしには書かれていることが理解できない。そこで今度は、本に書かれていることを説明してくれる人を探す。

ここまでで、わたしは人に誇れるようなことは何1つ成し遂げていない。書物の内容を教えてもらったら、その教えを実践しなくてはならない。それができて、ようやく人に誇ることができる。

書物の内容を理解できるだけで感心できるなら、哲学ではなく文学の道を進んでいただろう。読み解くのがホメロスの詩ではなく、クリュシッポスの書物だというだけである。

このように考えているからこそ、人に「クリュシッポスの本について教えてください」と頼まれると、**得意になるどころか、自分が情けなくなってしまう**のだ。

なぜなら、それはわたしが本に書かれていることを行動で示せていない、ということだからだ。

## 50

# 他人ではなく
# 自分自身に忠実であれ

これまでに学んだ教えは、「これを破れば法を破るようなものだ」という強い気持ちで守るようにすること。

人があなたのことを何と言おうとも、その言葉はあなた自身と関係がないのだから、耳を貸すことはない。

# 51

## 成長への歩みを先延ばしにしない

自分が最善のものに値する存在であることを理解し、すべてにおいて理性を発揮することを、あなたはいつまで先送りにするつもりなのか。

あなたが学ぶべき教えはすべて与えられ、あなたはその内容を理解した。それなのに、自分を正してくれる指導者がまだ必要だというのか。

あなたはもう未熟な若者ではなく、立派な大人なのだ。

もしあなたが今、ぼんやりと無為にすごして、自分自身について真剣に考えるのを先延ばしにしているなら、結局は何の進歩も遂げられないまま、そしてそのことに気づきもしないまま、平凡な人間として死んでゆくことになるだろう。

だから今すぐにでも、自分が1人の大人として成長すべきであることを自覚し、最善と思うことだけに従うようにしなくてはならない。

何らかの苦痛、誘惑、名誉、屈辱に出くわしたら、そのたびに「今が勝負の時、まさに〝オリンピックの試合〟なのだ」と、自分に言い聞かせるのだ。

もはや**先延ばしは許されず、日々刻々と、一つひとつのふるまいが、己《おのれ》の歩みを左右している**ことを忘れてはならない。

ソクラテスもそのようにして、自分を最善へと高めた。彼は、どんな場面でも内なる理性だけに注意を払うようにしていたのだ。

今のあなたは、ソクラテスにはおよばないかもしれないが、ソクラテスを目指す者にふさわしい生き方をすべきである。

# 52

## 議論よりも実践に力を注ぐ

哲学における1つめの、そして最も重要な領域とは、「嘘《うそ》をついてはならない」といった、**教えを実践する**ことである。

2つめの領域とは、その**教えの正しさを証明する**こと、つまり「嘘をついてはならない」という理屈の**根拠を示す**ことである。

3つめの領域とは、**その根拠が妥当かどうかを確かめる**ことであり、なぜそれが根拠と言えるのか、そもそも根拠とは何なのか、妥当とは、矛盾とは、真偽とは何か、といった問いを吟味することである。

3つめは2つめの領域のために、2つめは1つめの領域のために必要とされており、3つのうちで**最も肝心で、最も重んじるべきなのは、1つめの領域**である。

ところが実際の我々はその逆のことをしていて、3つめの領域に時間を費やしている。つまり、**議論に夢中になるばかりで実践をおろそかにしているのだ。**

その結果、嘘をついてはいけない理由を説明できるにもかかわらず、平気で嘘をついてしまうのである。

# 53

# 運命と自由についての4つの格言

どんな状況に直面しても、次の言葉[49]をすぐに思い出せるようにしておきたい。

1

おおゼウス、運命の神よ
あなたがわたしの場所と定めたところへ、わたしを導きたまえ
強い意志を持って進んでみせよう
たとえわたしが怯《ひる》んでも、同じ道を辿《たど》ることになるのだから

2

宿命を堂々と受け入れる者は、
神意に通じた賢人とみなされる

3

「クリトンよ。神々がわたしの死をお望みなら、そうなればよいのだ」

4

「(わたしを告発した) アニュトスとメレトスは、わたしを殺すことはできても、わたしの魂には手出しできない」

49) 引用されている4つの文章の詳細は、以下の通りである。
(1) ストア派の哲学者クレアンテスによる詩の一節。
(2) 悲劇詩人エウリピデスによる、散逸した作品の断片。
(3)(4) プラトン著『クリトン』(43d)、および『ソクラテスの弁明』(30c) に登場するソクラテスの発言。

# 第2部

# 精神の自由を得る――『語録』より

ここからは、現存するエピクテトスの『語録』の4巻のうち、3巻から選りすぐった9篇を紹介する。『語録』には、全体で約100篇がおさめられており、現代の書式で約20ページにおよぶ章もあれば、わずか1ページに満たない章もある。

『語録』のなかで最も長い章の一部を、「**あなたを『服従させているもの』の正体**」と「**真意の判断を妨げられない自由**」の2つに分けて紹介するが、この章には元々、「自由について」というシンプルな章題がつけられている。

アリアヌスか、後世の編纂《へんさん》者がつけたものだろう。タイトルとして間違ってはいないのだが、「自由」というテーマは、『要録』と同じく『語録』全体に通じる主題でもあるため、やや漠然とし過ぎている。

したがって、エピクテトスがさまざまな角度から「自由」について語っていることが伝わりやすいように、各抜粋には筆者が独自にタイトルをつけている。

紹介する箇所を選ぶにあたっては、以下の2点を意識した。

1つめは、要点だけを簡潔に述べた『要録』の内容に、哲学的な奥行きがあることを示すこと。

2つめは、エピクテトスと生徒のやりとりの雰囲気を、読者にも感じてもらうことである。


エピクテトスの思想を知る入門書として、『要録』は非常によくできた書物である。その手軽さは大きな魅力であり、本質をついた箴言ふうの文章に意欲をかき立てられたり、背中を押されたり、救いを感じたりする人もいるだろう。

しかし、エピクテトスの思想の真の魅力を味わうには、やはり『語録』を欠くことはできないと筆者は考える。

## 不本意な状態のまま「自由」にはなれない

ここで自由について学びを得ようとする者は、「どうすれば、何ごとにおいても神々に従うことができるのか」「どうすれば、神々のはからいを進んで受け入れられるのか」「どうすれば、自分は自由でいられるのか」という問いを、常に心に留めておくようにすること。

というのも、**自由な人間とは、自分の意に反することが何1つ起こらず、けっして誰からも邪魔されない状態にある人のこと**だからだ。

――「それはどういう意味でしょうか？　自由とは、正気ではない状態だということですか？」

むろん、そうではない。自由と狂気は相容れないものだ。

――「わたしは、たとえ正気ではないと思われてもかまわないので、自分の望みはすべて実現してほしいです」

なるほど。そんな戯言《ざれごと》を述べているようでは、確かに正気をなくしていると思われても仕方あるまい。

どうやらあなたは、自由[50]が気高く尊いものだということを、まだわかっていないらしい。

思いつきや気まぐれで願ったことがすべて実現してほしい、などというおめでたい考えは、気高さとは正反対の卑しいものなのだ。

## 「決まり」を学ばなければ何も身につけられない

文字を書くときのことを考えてみるといい。

50）ギリシア語の「エレウテリア」。エピクテトスはこの語を広い意味での「自由」として使っているが、この語に相当するラテン語の「リベルタス」は元々、奴隷身分と区別された「自由民」を指すのに使われていた。エピクテトスは、「ストア哲学こそが、自由を手にして真の自由民となる手段である」「ストア哲学を学ばない限り、感情や誤った思考に縛られたままの奴隷である」といった意味合いを込めて、この「自由」という語を巧みに使っている。

「ディオ」という名前のつづりを書くのに、でたらめな書き方をするだろうか？　しないだろう。しかるべき書き方をするように習うはずだ。

では、音楽を奏でる場合はどうか？　やはり同じである。

知識や技術に関することなら、何であろうと同じことが言える。

もしも、各自が思いつきや気まぐれで好きにしてよいのなら、何かを学ぶ意味などなくなってしまう。

――「つまり、その気高く尊い自由というものに限っては、思いつきで好きなようにしてよい、ということですか？」

いや、わたしが言おうとしているのは、まさにその反対なのだ。

自由について学ぶということは、**あらゆる物事を起こるがままに受け入れる術を知る**ということだ。

「物事が起こるがまま」とは、どういうことか。それは「万物をつかさどる者が意図するままに」ということである。

神は、宇宙の調和[51]を保つために、夏と冬、豊作と凶作、徳と悪徳といった、あらゆる正反対のものを作り出した。そして我々には、肉体とその機能、財産、仲間となる別の人間の存在を与えてくださった。

**状況を変えるのではなく、自分の考え方を変える**

自由について学ぶのであれば、こうした神の摂理を常に意識しておく必要がある。それは、**神々から与えられたものを覆すためではなく**（そのような力は人間に与えられていないし、その力を与えられたところで、良い結果にはならないだろう）**物事をありのまま、あるべき姿のまま受け入れて、自分の心の状態をそれに合わせるため**なのだ。

次のことを考えてみることだ。他人との関わりを避けて生きることができるだろうか？　そんなことはできない。では、他人のふるまいを変えることはできるだろうか？　我々に、そんな力は与え

51）全体の調和（ギリシア語の「シンフォニア／symphonia」）。宇宙全体を1つの仕組みとしてとらえるストア派の自然観をあらわすためよく使われる音楽の概念。「対になる2つのものの統合」という考え方は、ピタゴラスやヘラクレイトスといった哲学者によって初期のギリシア哲学時代に生まれた。

られていない。

では、他人とうまく折り合いをつけるには、どうすればよいのか？　相手が「これでよい」と思うやり方を受け入れるしかない。

そのうえで、自分の心を自然にかなった状態に保つことは可能なのだ。

**不本意であるということは、自分から牢屋《ろうや》に入ること**

ところが今のあなたは、人づきあいに、たえず不満や満たされない思いばかり抱いている。

1人きりになれば寂しがり、誰かと一緒にいれば、あいつは嘘つきだ、強欲だなどと文句を言う。そうやって、自分の親や子、兄弟や隣人までも責め立てている。

1人きりのときは、のんびりと安らかな気持ちに浸り、自分が神に近しい尊い存在であることを思い出せばよい。

人と一緒にいるときは、騒がしい、煩わしい、面倒だなどと言わずに、お祝いや祭りのような愉快な気分だと思えばよい。

――「そのようにしないと、どんな罰を受けるのですか？」

そのような人間でいること自体が罰なのだ。

――「1人きりになるのが嫌だ、という人がいます」

では、そのまま孤独に浸っていればよい。

――「親のことを恨んでいるそうです」

そのまま悪しき息子として嘆いていればよい。

――「我が子のことも憎んでいるそうです」

そのまま悪しき父親でいればよい。

――「そんなやつは、牢屋にでも放り込んだほうがよいでしょう」

いったいどんな牢屋に入れるというのかね？　すでに檻《おり》のなかにいるというのに。

その人には、何か気にくわないことがある。「自分の意に反した状態にある」というのは、牢屋のなかにいるも同然なのだ。

したがって、ソクラテスは（投獄はされたが）牢屋には閉じ込められていなかったことになる。何の不満も抱かずに、その現実を受け入れていたからだ。

# 「自由」とは否定的感情からの解放である

——「それで、こうした（ストア派の）教えから何が得られるのでしょうか？」

最も気高く、真の学びを得た者に最も似つかわしいもの、すなわち**心の平静、恐れを知らぬ精神、自由**を得ることができる。

この種のものに関しては、世間の人々の「自由民だけが、学びを受けられる」という言葉よりも、哲学者たちの「**学びを得た者だけが、自由になれる**」という言葉を信じたほうがよい。

——「その言葉はどういう意味ですか？」

まずは、「自由」という言葉の意味を考えてみることだ。自由とは、「自分が望んだように生きられる」といった意味ではないかね？

——「そうです」

そこで教えてほしい。あなたは、間違った生き方をすることを望むかね？

――「望みません」

つまり、間違った生き方をしている人は、（自分が望まない状態にあるため）自由ではないということになる。

では、あなたは何かを恐れたり悲しんだり、もしくは苦しんだりしながら生きることを望むかね？

――「もちろん望みません」

つまり、こうした感情を抱えている人は、やはり（自分が望まない状態にあるため）自由ではないということになる。

逆に言えば、**恐れ、悲しみ、苦しみにとらわれていない人こそ自由である**、ということだ。

## あなたを「服従させているもの」の正体

あなたは、自由とは何か偉大な、気高く貴いものだと思うかね？

――「そう思います」

では、もしあなたがそのように偉大な、気高く尊い自由を手にしたとしよう。それでもまだ、誰かの機嫌を取ろうとしたりすると思うかね？

――「思いません」

ということは、誰かの顔色をうかがったり、心にもないお世辞を言ったりしている人がいたら、その人は自由ではない、ということだ。

そのようにふるまう理由が、わずかな食料にありつくためだろうが、総督や執政官といった大それた地位に就くためだろうが違いはない。

ちっぽけなことのために他人におもねる者のことは「ちっぽけな奴隷」と、大それたことのために他人にひれ伏す者のことは「**目的が大きいだけ**の奴隷」とでも呼べばいい。

――「なるほど、おっしゃる通りです」

## 人は自ら〝奴隷〟になり得る

あなたは、自由とは何か自分次第のもの、外部から影響を受けることのない、自律的なものだと思うかね？

――「もちろんそう思います」

ということは、誰かに邪魔をされたり、何かを強いられたりしている人がいたら、その人もまた自由ではない、ということだ。

その人がどういった生まれなのか、奴隷として売り買いされた過去があるのか、といったことを確かめるまでもない。

その人が誰かに向かって、心のなかで「かしこまりました」と言っている声が聞こえたら、たとえ護衛に前を歩かせるほど高い身分の人物であろうとも、ただの奴隷なのだと思っていい。

その人が、「まったく、こんな目にあわされるとは」と言って自分を哀れんでいる場合も同じである。

要するに、その人が文句や泣き言を言って不満げにしていたら、高官の服を着た奴隷にすぎないということだ。

## 自分の欲望や恐怖を支配しているものはすべて〝主人〟である

その人がこうした言動を取らなかったとしても、自由な精神の持ち主だと早合点してはいけない。

その人の考え方をよく観察して、何かに縛られたり、気を取られたり、甘んじたりしていないかを確かめる必要がある。

もしそのような様子が見られたら、その人はサトゥルナリア祭[52]で〝主人〟が留守にしているあいだ、少し羽をのばしていた奴隷にすぎないということだ。じきに〝主人〟が戻ってくれば、彼のような奴隷がいったい何に縛られているのかということが、あなたにもわかるだろう。

――「〝主人〟とは、誰のことですか？」

その人が望むものを与えたり、奪ったりする力を持っている人全員のことだ。

――「すると、〝主人〟は大勢いる、ということですか？」

その通り。しかも我々には、人間の〝主人〟よりも先に、**置かれている状況という〝主人〟**がいる。それも、かなりたくさんだ。

当然、我々の置かれた状況を左右する力を持つ者も、我々の〝主人〟ということになる。

人々は、皇帝本人を恐れているのではない。皇帝の持つ権力によって命を奪われたり、追放されたり、財産を奪われたり、投獄されたり、市民権を奪われたりすることを恐れているのである。

同様に、よほどの人格者でもなければ、皇帝自身が人々に愛されるということもな

52）毎年12月におこなわれていた古代ローマの祝祭。この日は一日中、奴隷は完全な自由を与えられ、主人の悪口を言ったり、食事を用意してもらったりすることが許された。

い。**人々が心を寄せるのは、富、あるいは政治や軍事における高い地位**なのだ。

つまり、今挙げたようなことを恐れたり、避けたり、好ましいと思ったりしている限り、それを思いのままにできる〝主人〟に従わされるということになるのだ。

# 真偽の判断[53]を妨げられない自由

他人が支配しているものをほしがる人が、何にも妨げられずに、それを手に入れられると思うかね？

――「思いません」

それを自分の思い通りにすることは？

――「できません」

すると、そのようなものをほしがる人は自由ではない、ということだ。

53）承認・同意。ある思考や印象が「正しい」かどうかを判断し、その結果に応じて行為や反応を引き起こす精神の働き。ストア派の哲学者の文献（たとえばキケロの『宿命について』）では、「承認」とは、人間の行動を決定するうえで「最も重要な要因」であり、人間の主体性の根幹を成すものとされている。

ここで考えてみてほしいのだが、我々には、**自分の思い通りにできるものは1つもないのだろうか？**

それとも、何もかも自分の思い通りにできるのだろうか？

それとも、自分の思い通りにできるものと、そうではないものがあるのだろうか？

**自分の「肉体」や「財産」は思い通りにはできない**

――「つまりどういうことですか？」

たとえばあなたが、欠点のない肉体を手に入れたい、と願っているとしよう。あなたの思った通りになるだろうか。

――「ならないでしょう」

では、病気になりたくないと願った場合はどうだろう。

――「やはり、わたしの思い通りにはなりません」

美しい外見になりたいと願った場合は？

――「同じです」

生き死にに関わることはどうかね。

――「やはり同じです」

そうすると、あなたの肉体はあなた自身のものではない、ということになる。あなたの肉体は、それより強い力を持ったあらゆるものに左右されると言えよう。

――「なるほど」

ではもう1つ。ある土地をあなたの好きなときに、好きな期間だけ、好きな条件で所有することはできるだろうか。

――「できません」

奴隷、着る物、住むところや馬についてはどうだろう。

――「どれも、わたしの好きなようにはできません」

もしあなたが、妻子や兄弟、友人の無事を何よりも願うとして、それはあなたの思い通りになるだろうか。

――「なりません」

するとあなたには、自分の意のままにできることは何もないのだろうか？　それとも、あなたの意のままにできることが何かあるかね？

――「わかりません」

## 自分の思い通りにできるものは自らの「意志」

では、このように考えてみるといい。

何か真実ではないことを、「真実である」とあなたに認めさせられる人はいるだろうか。

――「いません」

つまり、物事の真偽を判断するとき、あなたは人に妨げられたり強いられたりしない、ということだ。

――「わかりました」

続けよう。あなたが「やりたくない」と思っていることを、無理矢理やらせることのできる人はいるだろうか。

――「それはいると思います。『従わないと、死刑にするか鎖につなぐぞ』と脅されれば、わたしは言われた通りにします」

しかし、どうだろう。もしあなたが、死や鎖につながれることを恐れていなかったら、それでも命令を聞くだろうか。

――「聞かないでしょう」

では、あなたが死を恐れるかどうかは、あなたが決めることだろうか。

――「わたしが決めることです」

するとつまり、何かをやろうとする意志は、あなた自身のものか、そうでないか、どちらということになるかね。

――「わたし自身のものということになりますね」

反対に何かを拒もうとする場合も、やはりあなた自身の判断ということになる。

――「ですが、たとえばわたしが散歩に行こうとして、誰かに邪魔された場合はどうなりますか?」

問題は、「何が妨げられるのか」ということだ。「散歩に行こう」というあなたの意志が妨げられるのかね?

――「いいえ。ですが、わたしの体が（前に進むのを）妨げられます」

確かにその通りだ。しかしそれは、石ころを相手に通せんぼうをするような（意志とは無関係な）ものだ。

――「おっしゃる通りですが、結局は、散歩が中断されてしまいます」

いったい誰が、「あなたはけっして邪魔されることなく散歩ができる」などと言ったかね？

わたしが言っているのは、**あなたが何かをしようとする意志だけはけっして妨げられない**、ということだ。肉体そのものや、肉体から生じる行動が関わることは思い通りにはならないと、すでに話しただろう。

――「そうでした」

あなたが「ほしくない」と思っているものを、無理に「ほしい」と思わせることのできる人はいるかね？

――「いません」

では、あなたが何かを意図したり、考えたり、要するに感覚を通じて得た印象から何かを判断することを、操ることのできる人はいるだろうか。

——「やはりいません。ですが、わたしがほしいと思ったものを手に入れるのを邪魔することができる人は、いるでしょう」

そもそもあなたが、人から邪魔されることのない、必ず手に入れられるものだけを望むようにしていれば、そんなことは起こらないだろう。

——「確かにそうですね」

あなたの力で左右できないものでさえ自由に手に入れられる、などとは誰も言っていないのだ。

## あなたの肉体は「あなたのもの」ではない

——「では、健康であることを願うな、ということですか？」

むろん、そういうことになる。

あなたの思い通りにならないものは、それが何であろうと願うべきではない。

あなたが望んだ瞬間に手に入れられないもの、実現できないものとは、要するに、あなたの思い通りにはできないものなのだ。

そんなものには欲望を抱かないほうがいい。というよりも、欲望そのものを遠ざけたほうがいい。

というのも、自分の手の届かないものに憧れたり、他人次第のもの、いずれ滅びてしまうものに愛着を抱いたりすれば、自分の首をくびきにかけて、自ら奴隷になろうとするようなものだからだ。

――「わたしの手さえも、わたしのものではないと言うのですか？」

確かに、その手はあなたの体の一部ではある。しかし、本質的には土くれであり、何かに妨げられたり強いられたりする宿命にある。強いものに従わされる奴隷と言ってもいい。

このことは、あなたの手に限った話ではない。

あなたがその肉体を使えるあいだは、常に自分の体を〝**荷物を背負ったロバ**〟のように考えるべきなのだ。

もし兵士がそのロバをつかまえて、雑務をさせるために連れて行こうとしたら、逆らったり文句を言ったりせず、その通りにしなくてはならない。

逆らったところで、あなたが殴られるだけで、結局ロバは連れて行かれてしまう。

自分の肉体をちっぽけなロバであると考えれば、肉体に関わる生活上のさまざまなものについても、どうすればよいかわかるだろう。

肉体が一頭のロバなら、生活に関わるものは、くつわ、手綱、鞍《くら》、蹄鉄《ていてつ》、麦や干し草、ということになる。

こうしたものへの執着も捨てたほうがよい。ロバを引き渡すよりも先に、さっさと手放してしまうに越したことはない。

# 「欲してよいもの」だけを求める

この世のものはすべて、いずれ滅びるはかないものである。

そうしたものに少しでも心がとらわれれば、たえず不安や悩みを抱えることになり、いずれは苦しみや失望を味わうことになる。願ったことは実現せず、避けようとしたものに直面させられることになる。

そんな思いをするくらいなら、我々に与えられた、**心の平静を得るためのたった1つの方法**を身につけようとは思わないだろうか。

その方法とは、**いずれ消え去るとわかっている些末なものへの執着を捨てて、失われることのない、あなたが自由にできるものだけに意識を注ぐ**ことである。

**人は自分が「善い」と思うものを最優先する**

ここで思い出してほしい。**人の言動そのものは、有益でも有害でもない。**

その言動を受け取った相手が、「有益だ」と判断すれば有益であり、「有害だ」と判断すれば有害なのだ。

人を煩わせるのも傷つけるのも、その人自身の考えである。

したがって、各々の判断こそが、争い、競争、戦いの原因にほかならない。

兄弟であるエテオクレスとポリネイケス[54]が憎み合う敵同士となったのも、まさにこのためである。

両者ともに、追放されることは何よりも悪しきことで、王位を得ることは何よりも善いことであると信じて疑わなかったのだ。

自らが善いと思うものを追い求め、悪いと思うものを遠ざけるのは、あらゆる生き物の本能である。

善いと思うものを自分から奪い取り、悪いと思うものを自分に押しつける者は、たとえそれが親兄弟であっても「敵」「裏切り者」とみなされる。

54）115ページ／注釈34参照。

人は、自分が「善い」と思うものに対して、何よりも強い愛着を抱くのである。

したがって、人々が王位や追放といった（外的な）ものを「善いもの」「悪いもの」と考えている限り、子どもを心から愛する父親や、互いに慈しむ兄弟など、あらわれるはずもない。

そこらじゅうが、いがみ合う者、はかりごとをする者、裏切り者であふれかえるだろう。

そこで、しかるべき（理性的な）意志だけを「善」、そうではない意志だけを「悪」と考えるようにしたらどうだろうか？

はたして、争いや裏切りが起こり得るだろうか？

いったい何を巡って争い合うのか？

自分にとって善でも悪でもない、どうでもよいことのために？

そもそも、誰と争うというのだろうか？

**道理を解さないみじめな者や、何よりも肝心なこと（善悪の区別）を見誤っている者を相手に、戦う意味があるだろうか？**

## 「自由な意志」を持てるかどうかは自分次第

**あなたには本来、けっして妨げられも強いられもしない、自由な意志がある。**［…］

そのことを、まずは真偽の判断（承認）という点から示してみせよう。

あなたが「これは真実だ」と考える（承認する）ことを妨げられる人は、はたしているだろうか。

――「いません」

では逆に、何か真実ではないことを、「これは真実だ」とあなたに無理に認めさせられる人はいるだろうか。

――「やはりいません」

ということは、**真偽の判断において、あなたの意志は妨げられたり、強いられたりしない**、ということだ。

## あなたが自由であるかどうかは、あなたの意志次第

ここで考えてみてほしい。

何かを欲するときや、何かをしようと決断するときにも、同じことが言えるのではないだろうか。

つまり、あなたの決断を左右するのは、（あなた自身の）別の決断だけであり、あなたの欲望や忌避感を打ち消すのは、やはり（あなた自身の）別の欲望や忌避感だけなのではないかね。

――「ですが、『言うことを聞かなければ殺す』と脅されたら、わたしは命令に従うでしょう」

あなたを命令に従わせるのは、その脅しの言葉ではない。「殺されるよりは、命令に従うほうがよい」というあなた自身の判断が、あなたを命令に従わせるのだ。

やはりこの場合も、**あなたに行動させるのは、あなたの意志**ということになる。意志が意志に命じた、と言ってもいい。

神は、自身の（理性という）特別な力を人間に分け与えてくださった。

もしその力が、神自身や、別の何かによって妨げられたり、強いられたりするようなことがあれば、（そのような不完全なものを作った）神はもはや〝神〟とは言えなくなってしまうし、我々の面倒をきちんと見ていないことになってしまう。［…］

**あなたが望めば、あなたは自由でいられる**のであり、あなたが望めば、誰のことも責めずにいられるのである。

つまり、あなたが望めば、すべてはあなたの意図した通りになり、同時に神の意図した通りになるのだ。

## 「理性」を持つ人間だけにできることを実践して生きる

人間には、理性的な動物だけが持っている性質がいくつもある。

しかし同時に、理性的ではない動物と共通する性質もたくさんあることに気づくだろう。

――「ほかの動物も人間と同じように、起きている出来事を理解するのでしょうか？」

そうではない。（動物のように）認識したものを単に「使う」ことと、（人間のように）**「意識を向けて理解する」**ことは、大きく異なるのだ。

神は、「認識したものを使う」存在として、ほかの動物を作り、**「認識そのものの使い方を考える」存在**として人間を作った。

したがって、ほかの動物たちは（認識したものを使って）食べたり、寝たり、子をなしたり、それぞれの種によって決められたことをしていれば十分だ。

一方、認識そのものに意識を向ける力[55]を与えられた人間は、彼らと同じことをしているだけでは不十分なのだ。

つまり、人間として与えられた性質や身体能力に合わせて理性的にふるまわなければ、人間としての役目を果たせないことになってしまう。

どの生き物も、それぞれ体のつくりが異なれば、与えられている役割や使命も異なるものだ。

「認識したものを使う」能力を与えられた動物は、それを働かせることで、自らの役割や使命を果たしている。

認識そのものを（客観的に）とらえる能力を与えられた人間もまた、それをきちんと働かせて、自らの役目を果たさなくてはならないのだ。

**与えられた能力を活かして生きる**

――「つまり、どういうことでしょうか？」

55）自分の思考や感情の良し悪しを客観的にとらえる人間に固有の能力。

神は、食料のため、農業のため、チーズを作るため……、とさまざまな用途に応じてそれぞれの動物を作った。

このような役割を与えられた動物に、認識について考える能力や、自分の判断の良し悪しを見分ける能力が必要だと思うかね？

一方、神は、自身の存在やそのはからいを学ばせ、それを理解させるために人間を作った。

したがって、人間が**理性を持たない動物のように生きるのは、神意に反しているこ**とになる。

人間も、生まれたばかりのときは、ほかの動物と同じようにふるまうかもしれないが、最後には**人間として与えられた能力**を活かして一生を終えなくてはならない。

**人間の本質とは、物事をよく見て理解しようと努め、それに応じて調和を保ちながら生きること**である。

こうした道理を学び取らないまま人生を終えることがないようにすべきであろう。

## 「自由」の意味を知るには理性が必要

人間以外の動物は、神のはからいを理解する能力を持っていない。しかし人間には理性があり、神がどのように物事を導いているのかという仕組みを考えることができる。

こうして人間は、自分たちが宇宙という全体の一部分であること、しかも特定の役割を与えられた一部分であることを理解し、部分が全体に従うのは理にかなったことであると考える。

しかも、人間は気高く自由な存在であるため、自分を取り囲む物事のなかには、**妨げられることのない自分次第のものと、必ず妨げられることになる他人次第のもの**がある、ということも理解できる。

「自分次第のもの」とは、その人の意志に関わるものであり、その範囲の外にあるものは、すべて何らかの制約を受けることになる。

つまり、理性を持った我々が、自らの意志に関わるもの（制約を受けることなく思い通りにできるもの）だけに「善い」「悪い」という判断をつけるようにしていれば、常に自由で満たされた、幸福な、不満とは無縁の状態を保つことができる。

そのような姿勢でいれば、気高さや敬虔さを失うこともなく、神への感謝を忘れることもなく、すでに起きたことをとがめたり、誰かを責めたりせずにいられる。

反対に、自分の意志の範囲を超えたものに善悪や利害の価値をつけてしまうと、必ず思い通りにならずに不満を抱くことになり、自分が望むものや避けたいものを左右できる者に従うことになる。

それればかりか、「神がこのように仕向けたのだ」という思いから敬虔さを失い、常に必要以上のものを得ようとするために節度を失い、自尊心も他人への寛容さも失うことになる。

## どのような状況でも、自分の信念と思考さえあれば幸せに生きられる

あなたがすでにこうした道理を心得ているのなら、何もためらうことなく、穏やかにのびのびとした気分で暮らし、常に冷静さを忘れずに、起きた出来事を素直に受け入れて生きればよい。

――「わたしに貧乏になれ、と言うのですか?」

なってみればいい。一度貧しき者の役を演じ切れば、貧しさとは何であるかを知るだろう。

――「それとも、官職に就けと?」

就いてみればよい。

――「それとも、地位を捨てろと?」

捨ててみればよい。

――「苦しみに耐えろと?」

苦しみにも耐えてみればよい。

――「祖国から追放されても平気だと言うのですか?」

どこへ行こうとも、わたしはそこで幸せに生きられるだろう。

わたしはこの場所で、これまで幸せにやってこられたのであり、しかもそれは、この土地の恵まれた条件のおかげではなく、わたし自身の信念のおかげだからだ。

わたしの信念は常にわたしとともにあり、誰にも奪い去ることはできない。

**わたしの思考だけが、真のわたしの持ち物であり、どこへ行こうと、何をしようと、それがあれば十分なのだ。**

**「死」の恐怖から自由になる**

――「では、死が迫っても平気なのですか？」

なぜあなたは「死が迫る」という言い方をするのかね。物事を悲観的にとらえないで、「体を構成していた物質が、元の場所へ返る」[56]とありのままに言えばよい。

それのどこが恐ろしいというのか。

何かがこの宇宙から消え去ってしまう、あるいは我々が聞いたこともない不気味なことが起こるとでもいうのだろうか？

あなたが残忍な君主を恐れ、衛兵の槍《やり》がぎ・ら・り・と鋭《とが》って見えるのは、そのせいだと言うのかね？

死を恐れることは、ほかの者たちに任せておけばよい。

あなたは、あらゆることを考えた結果、**誰にも自分を従わせることはできない、**という結論に至った。

神の与えてくれた自由がどのようなものかを知り、神意を理解した。

あなたを従わせて支配する人間は、もはやいない。

**あなた自身が、自らを解き放つ解放者であり、善悪を見きわめる審判人なのだ。**

56）ストア派の宇宙観をあらわす言葉。宇宙は、そのすべての要素をのみ込んで崩壊した後にふたたび構築され、その変化を一定の周期ごとに永遠に繰り返すと考えられていた。

## 自分の内なる力によって
## 「精神の自由」をつかむ

あなたは、**自分の内なる力**をよく観察し、理解して、こう言わなくてはならない。

「神ゼウスよ、どうぞあなたの望む試練を、わたしに与えてください。あなたから授かった力を使って、それに立派に立ち向かってみせましょう」


ところが実際にはどうか。

起こり得るかもしれない未来のことに怯《おび》えて、座り込んだままでいる。現実に文句や泣き言を言って、神々を責めている。

その打たれ弱さは、不遜な気持ちのあらわれ以外の何ものでもない。


神は、人間がどんな目にあおうとも、打ちのめされたり絶望したりせずに耐え抜けるよう、我々に力を与えてくださった。

そのうえ、その力が何かに妨げられたり抑えられたりしないよう、まるで慈悲深い国王や寛大な父親のように、取りはからってくださった。

その力の使い方を完全に人間にゆだねて、神自身でさえもそれに手出しできないようにしてくださったのである。


**あなたには、思いのまま自由に使うことのできる力が与えられている。**それなのに、なぜそれを使おうとしないのか。

文句を並べたり、座り込んで泣いたりするかわりに、自分に与えられた恩恵や、それを与えてくれた存在について考えてみようとは思わないかね？


（了）

# 英訳にあたって

――アンソニー・A・ロング

『要録』『語録』を英訳するにあたり、古代ギリシア語と現代英語の距離をできる限り近づけることを目指した。

会話ふうの素朴な文体は、現代人の言葉づかいにもなじみやすく、その点における難しさはなかった。

我々が学校で習うように、エピクテトスも複雑な言い回しを避けている。使用されている語彙も、我々が日常的に用いる単語を使って大部分を訳すことができる。

一部の箇所では哲学的な専門用語も使われているが、それらについては注釈で詳しい説明をつけている。

「プロハイレシス（意志）」「パンタシア（心像）」のように、筆者の訳語とは別の訳し方ができる場合は、注釈で補足している。

本書に限ったことではないが、翻訳において重要なのは、一語一句を訳出することではなく、原文の意図や考えを再現して伝えることである。

エピクテトスが一般論を語るときには、当時の語法にならって、「彼」という男性系単数の代名詞を使っているが、必ずしも男性だけに言及しているわけではない。したがって、必要に応じて「人／人々」と言い換えている。

筆者が感じた翻訳上の難しさとは、個々の単語の訳し方よりも、修辞的な表現の効果を損なわずに文章の意味を伝えることであった。

エピクテトスの言葉づかいは、一見するとシンプルでわかりやすいのだが、いざその表現に込められた意図を辿って再現しようとすると、容易ではないことに気づかされる。

『要録』では、対句や対照法、リズミカルな言い回しといった表現上の工夫が、至るところに使われている。命令調の表現、節の区切り、韻の使用も特徴的である。

こうした表現上の趣向を損なわずに内容を正確に伝えるのは容易ではなかったが、可能な限り読者がエピクテトスの思考に直《じか》に触れられるようにすることを目指した。

『要録』は、古代ローマ時代に書かれた多くの書物とは異なり、誤写や第三者による書き加えの影響を受けることなく今日に伝わっている。

筆者の翻訳は、オールドファザー版（ローブ古典叢書《そうしょ》より1925〜1928年刊行）に収録されているギリシア語の原文をもとにおこなったが、オールドファザー版はシェンクル版（1916年刊行）を底本としている。

ボーター版（1999年刊行）の原文を参考にして訳した箇所も一部ある。

関連書籍として巻末に掲載している複数の既存訳には、大いに助けられた。各版ともに原文を忠実に再現しており、訳された年代によって文体の違いはあるものの、訳の厳密さという点における違いはほとんどない。

既存訳にない新しい表現を使って訳すことだけが、新訳の役目ではない。したがって、筆者の選んだ訳語が既存訳と同じ場合もある。むしろ、本書と既存訳を照らし合わせて、その相違点を分析してもらいたいというのが筆者の本音である。

最後に、エピクテトスの文章の英語版の完訳を初めて成し遂げたエリザベス・カーター（1717〜1806年）の名前をここに記しておきたい（拙書 Epictetus: A Stoic and

Socratic Guide to Life. 261ページ参照)。

カーターによるエピクテトスの完訳版は、ウィリアム・オールドファザーの英訳以前におこなわれた翻訳として、今なお重要な位置づけにあり、「エブリマンズ・ライブラリー」シリーズのロビン・ハード版(1995年刊行)の底本にもなっている。

# 謝辞

――アンソニー・A・ロング

本書は、既刊の「哲人に学ぶ人類の知恵」シリーズの1冊であり、プリンストン大学出版局のロブ・テンピオ氏から話をいただいて企画が実現した。執筆中、たえず励ましの言葉とアドバイスをくれた同氏への多大なる感謝をここに記したい。

細やかな気配りと卓越した仕事ぶりで本書を刊行へと導いてくれた、マット・ローハル、サラ・ラーナー、ジェイ・ボギスの3名にも感謝を申し上げたい。『要録』の翻訳の初稿に目を通して意見をくれたブラッド・インウッドとモニク・エリアスにも心から感謝している。「はじめに」の草稿の試読をしてくれたアンドレア・ナイチンゲールは、持ち前の能力と懐の深さを遺憾なく発揮してくれた。

原稿を試読してくれた方々からも、ご指摘を色々といただいた。

本書の編集中に急逝したロブ・ドビンにも、この場を借りて感謝の意を表したい。ロブは、わたしがカリフォルニア大学バークレー校で教え始めたころの院生の1人で、エピクテトスに関する研究に大きな功績を残してくれた。本書の執筆中、彼の著作を何度も開いて参考にさせてもらった。

最後に、すばらしい友人であり研究仲間でもあるデヴィッド・セドレーに、多大なる敬意と親愛の気持ちを込めて本書を捧げる。

# 訳者あとがき

――天瀬いちか

「これのいったいどこが、『自由を手に入れる方法』なのだろう?」

本書を一読して、そんな感想を抱く読者もいるかもしれない。

たしかに、エピクテトスの教えは一見すると、自由とは対極にある「べからず集」のようにも見える。

「自分を律することで、手に入れられる自由」――実は、この矛盾《パラドックス》こそが、エピクテトスの思想、ひいてはストア哲学の醍醐味《だいごみ》なのだと、わたしは思う。

エピクテトスの教えとは、ひとことで言えば、「あらゆる恐れを手放す」ことにある。不運や事故。失敗。他人との競争。批難や陰口。周囲の不理解。愛する人の喪失――人は古代より、さまざまな「恐れ」を抱えて生きてきた。

怒りや悲しみ、妬み、疑い、欲というのも、突き詰めれば、心の奥底にある恐怖の裏返しである。

『要録』『語録』に記されたエピクテトスの言葉は、そうしたさまざまな形であらわれる「恐れ」から、己を解き放つ方法を示してくれる。

「あらゆる場面で冷静さを忘れず、自分が真になすべきことだけに意識を向ける」

……言葉にしてしまえば、ただそれだけのこと。けれども、それが意味するところを身をもって知るのは、容易いことではない。

常に自らの言動を振り返りつつ、試行錯誤を重ねてゆく必要がある。当然、それには長い時間を要する。

一度だけ成功すれば、めでたしめでたし、というものでもない。

たえず振り出しにもどりながら、ひたむきに同じ姿勢を貫くことによって、初めて、エピクテトスの説く「自律」と「自由」のパラドックスの謎は解けてゆく。

そのような境地にとどまっていれば、何が起ころうと、他人がどうあろうと、寛容な気持ちで受け止められるだろう。

己の心の自由を追求するということは、裏を返せば、まわりの人たちへの無条件の愛を追求することでもある。

したがって、本書のタイトル『自由を手に入れる方法』は、そっくりそのまま、『真に人を愛する方法』と言い換えることができる。

そう思いながら、ぜひもう一度、本書を読み返してみていただきたい。

人をがんじがらめにして、引き裂くだけが、「矛盾」の姿ではない。矛盾とは、醜いばかりでなく、美しくもなり得る。

確かに、人は生きている限り、肉体的な制約のなかにあり続ける。

しかし同時に、人は知性によって、その限界を越えていくことができる。

うまくすれば、肉体による制約そのものさえ、豊かさの源へと変えてゆくことができるかもしれない。

誰もがそのように生きられる世界があるならば、それは想像するよりもはるかに輝かしく、楽しく、満ち足りた世界にちがいない。

エピクテトスの教えとは、そうしたまだ見ぬ「美しき世界」へと私たちを誘《いざな》ってくれる、尊い道しるべなのである。

本書は、エピクテトスの弟子アリアヌスが師の言葉をまとめた『語録（The Discourses）』『要録（The Encheiridion）』の2つを、わかりやすい英語を用いて再編集・翻訳した『How to Be Free：An Ancient Guide to the Stoic Life』を日本語に訳したものである。

プリンストン大学出版局（Princeton University Press）より「Ancient Wisdom for Modern Readers（哲人に学ぶ人類の知恵）」シリーズの1冊として刊行された。

of California Press, 1986).
邦訳：『ヘレニズム哲学－ストア派、エピクロス派、懐疑派』京都大学学術出版会（2003 年）
Long, Anthony Arthur. Stoic Studies. (Berkeley: University of California Press, 1996).
Long, Anthony Arthur. Epictetus: A Stoic and Socratic Guide to Life. (Oxford: Clarendon Press, 2002).
Long, Anthony Arthur. From Epicurus to Epictetus. (Oxford: Clarendon Press, 2006).
Sellars, John. Stoicism. (Berkeley: University of California Press, 2006).
Sorabji, Richard. Emotion and Peace of Mind: From Stoic Agitation to Christian Temptation. (Oxford: Oxford University Press, 2000).
Stephens, William. O. Stoic Ethics: Epictetus. Happiness as Freedom. (London: Continuum, 2007).

●自由論に関する文献

Berlin, Isaiah. Two Concepts of Liberty. In M. Sandel, ed., Liberalism and Its Critics. (New York: New York University Press, 1984, 15-36.)
Patterson, Orlando. Freedom: Freedom in the Making of Western Culture. (New York: Harper Collins, 1991).

## 関連書籍


### ●ギリシア語版の『語録』を収録した書籍

Boter, Gerard. The Encheiridion of Epictetus and its Three Christian Adaptations. (Leiden: Brill, 1999).

Schenkl, Heinrich. Epicteti Dissertationes ab Arriano Digestae. (Leipzig: Teubner, 1916).

### ●エピクテトスの作品の完訳（英語版）

Hard, Robin. Epictetus: Discourses, Fragments, Handbook. (Oxford: Oxford University Press, 2014).

Oldfather, William Abbott. Epictetus. Vol. 2. including Greek text. (Cambridge, Mass.: Harvard University Press, 1925-1928).

### ●『要録』の翻訳版

Boter, Gerard. The Encheiridion of Epictetus and its Three Christian Adaptations. (Leiden: Brill, 1999).

Dobbin, Robert. Epictetus, Discourses and Selected Writings. (New York: Penguin, 2008).

Gourinat, Jean-Baptiste. Premières leçons sur le Manuel d'Èpictète. (Paris: Presses Universitaires de France, 1998).

Hard, Robin. in Christopher. Gill. Ed, The Discourses of Epictetus. (Rutland, Vt.: Everyman, 1995).

Higginson, Thomas Wentworth. Epictetus, The Enchiridion. (Upper Saddle River, N.J.: Library of Liberal Arts, 1948).

Long, George. Enchiridion. (Amherst, N.Y.: Prometheus Books, 1991; repr. of nineteenth-century translation).

Oldfather, William Abbott. Epictetus. Vol. 2. (Cambridge, Mass.: Harvard University Press, 1928).

White, Nicholas. P. Epictetus, The Handbook. (Indianapolis, Ind.: Hackett, 1983).

### ●ストア派およびエピクテトスに関する文献

Brandt, Ulrike. Kommentar zu Epiktets Encheiridion. (Heidelberg: Universitätsverlag Winter, 2015).

Brennan, Tad., and Brittain,Charles. Simplicius on Epictetus' "Handbook 27-53" 2 vols. (Ithaca, N.Y.: Cornell University Press, 2002).

Brennan, Tad. The Stoic Life: Emotions, and Duties, Fate. (Oxford: Clarendon Press, 2005).

Dobbin, Robert. Epictetus Discourses : Book I. (Oxford: Clarendon Press, 1998).

Frede, Michael. A Free Will: Origins of the Notion in Ancient Thought. (Berkeley: University of California Press, 2011).

Graver, Margaret. R. Stoicism and Emotion. (Chicago: University of Chicago Press, 2007).

Inwood, Brad. Ethics and Human Action in Early Stoicism. (Oxford: Clarendon Press, 1985).

Johnson, Brian. E. The Role Ethics of Epictetus: Stoicism in Ordinary Life. (Lanham, Md.: Rowman & Littlefield, 2014).

Long, Anthony Arthur. Hellenistic Philosophy: Stoics, Epicureans, Sceptics. 2nd ed. (Berkeley: University

HOW TO BE FREE

by Epictetus, translated and with an introduction by A. A. Long



Japanese translation published by arrangement with Princeton University Press
through The English Agency (Japan) Ltd.

著者

エピクテトス（Epictetus）

紀元55年ごろ～135年ごろ。ストア派のギリシア人哲学者。ローマ皇帝ネロの重臣に奴隷として仕え、ストア派の哲学者ムソニウス・ルフスのもとに弟子入りする。奴隷身分から解放された後、ドミティアヌス帝による哲学者追放令が出るまで、ローマで「自由」をテーマにした哲学の講義をおこなった。「エピクテトス」という名は、ギリシア語で「後から手に入れたもの」を意味する。ギリシア・ニコポリスに移住し子弟に教えを授けながら半生を過ごし、哲人皇帝マルクス・アウレリウスにも大きな影響を与えた。エピクテトス自身は著作を残さなかったが、弟子のアリアヌスによる講義録『語録（The Discourses）』、講義のエッセンスをまとめた『要録（The Encheiridion）』からその思想を読み取ることができる。本書はこの『要録』の全文と、現存している『語録』から選りすぐった9篇がもとになっている。

編者

アンソニー・A・ロング

カリフォルニア大学バークレー校の古典学名誉教授、および哲学教授。『Epictetus: A Stoic and Socratic Guide to Life』『Stoic Studies』『Seneca: Letters on Ethics』（マーガレット・グレーバーとの共著）など、著者多数。カリフォルニア州ケンジントン在住。

訳者

天瀬いちか（あまがせ・いちか）

国際基督教大学卒業。広告業界に勤務の後、パリ第8大学にて哲学を学び、現在はフリーの翻訳者として映像・出版翻訳を手がける。訳書に『2000年前からローマの哲人は知っていた　死ぬときに後悔しない方法』（文響社）。

**2000年前からローマの哲人は知っていた**
**自由を手に入れる方法**

2021年6月8日　第1刷発行

**著　者**　エピクテトス
**編　者**　アンソニー・A・ロング
**訳　者**　天瀬いちか

**装　丁**　重原隆
**本文フォーマット**　高橋明香（おかっぱ製作所）
**本文DTP**　有限会社天龍社
**校　正**　株式会社ぷれす
**翻訳協力**　株式会社アメリア・ネットワーク
**編　集**　関美菜子＋平沢拓（文響社）
**編集協力**　川月現大（風工舎）
**カバー写真**　© New Pictures Library/アフロ

**発行者**　山本周嗣
**発行所**　株式会社文響社
〒105-0001
東京都港区虎ノ門2-2-5 共同通信会館9F
ホームページ https://bunkyosha.com
お問い合わせinfo@bunkyosha.com

**印刷・製本**　中央精版印刷株式会社


ISBN978-4-86651-379-9

この本に関するご意見・ご感想をお寄せいただく場合は、郵送またはメール（info@bunkyosha.com）にてお送りください。